听邵珊老师讲
合力养育

教你跳出祖辈带娃的那些“坑”

邵 珊——著

中国妇女出版社

图书在版编目（CIP）数据

听邵珊老师讲合力养育：教你跳出祖辈带娃的那些“坑”/ 邵珊著. -- 北京：中国妇女出版社，2020.1
ISBN 978-7-5127-1794-7

Ⅰ.①听… Ⅱ.①邵… Ⅲ.①儿童教育－家庭教育 Ⅳ.①G78

中国版本图书馆CIP数据核字（2019）第225314号

听邵珊老师讲合力养育——教你跳出祖辈带娃的那些“坑”

作　　者：邵　珊　著
策划编辑：魏　可
责任编辑：耿　剑　魏　可
封面设计：尚世视觉
责任印制：王卫东
出版发行：中国妇女出版社
地　　址：北京市东城区史家胡同甲24号　　邮政编码：100010
电　　话：（010）65133160（发行部）　　65133161（邮购）
网　　址：www.womenbooks.cn
法律顾问：北京市道可特律师事务所
经　　销：各地新华书店
印　　刷：北京通州皇家印刷厂
开　　本：165×235　1/16
印　　张：16.75
字　　数：200千字
版　　次：2020年1月第1版
印　　次：2020年1月第1次
书　　号：ISBN 978-7-5127-1794-7
定　　价：49.80元

自序

一直想写一本关于合力养育的书。

闲逛在菜市场、大院中，常常会看到一群老人扎堆儿在抱怨各自子女的诸多不是：自己如何辛苦、千里迢迢跑来给儿女带孩子，还被他们嫌弃；小辈如何花钱如流水，还抱怨老人太过节俭、抠门；等等。与此同时，年轻人集体吐槽自己婆婆、妈妈的声音也不绝于耳：老人如何没有边界感，如何因循守旧、不与时俱进，如何溺爱孩子、打破孩子父母制定的规则……这两大阵营的互怼常常是势均力敌、分庭抗礼。如此看来，两代人之间的隔阂和矛盾还真是由来已久。

在我接手的大量咨询个案中，不难发现，那些集父母与祖父母两代人宠爱于一身的小孩子更容易出现这样或那样的行为偏差，究其原因往往和家庭关系密切相关。父母吵架，两代人互相埋怨，都会造成孩子内心的恐惧和不安……这样看来，那些不起眼儿的“家务事”其实并非小事，它就像多米诺骨牌一样，会带来一连串的连锁反应。写这本书的初衷就是想：能不能把第一块快要倒下的骨牌扶住，让两代人在育儿问题上达成一些共识，减少发生争执的可能。

做祖父母的人大多已经从各自的工作岗位上退了下来，闲在的惬意不到一个月便会被无所事事的焦躁所代替。这时看着儿女们每天忙忙碌碌，开这个会议、接那个项目，自己心中反倒会平添几分羡慕甚至嫉妒，感叹属于自己的舞台已经不在，自己也不再被社会所需要，以后的社会是属于年轻人的了。社会属性的消失让这些老人把生活的重心转向家庭，终于可以踏踏实实、全心全意地做个家庭主妇（夫）了，却猛然发现自己在家庭中的话语权也越来越少了。陈旧的观念、滞后的信息，甚至一以贯之的价值观都被儿女们“无情”地驳回，而且被驳得振振有词、掷地有声。殷切的希望和关怀也被他们拦截在半路上，就这样稀里哗啦地碎了一地。

于是颓坐在原地发呆：我的后半生该如何打发？以后我要不要给他们带小孩？不带不带，让他们自己带，也尝尝为人父母的艰辛，体验过了就知道我们的不容易了。可是自己怎么就那么没出息，每每在小区里看到别人家的小宝宝，就喜欢得不得了。如果自己家里也能有这么一个“小玩意儿”该多好，就是苦点儿、累点儿也愿意帮他们带。于是开始无理智地催婚、催生，殷切地期盼着能当上祖父母。可是有一天终于如愿了，却不承想里面竟有这么多的“坑”等着自己跳进去。

决定写这本书，一来我想替老人们鸣鸣冤。因为自己的年龄慢慢大了，不出几年也要步入祖父母的行列，年过半百，被女儿怼了几次后，越发感同身受地体会到做老辈的心境。

二来我也想替年轻人说说话。因为自己常常以“姐”的身份混迹于“80后”中间，和年轻人插科打诨，还算说得上话。在他们吐槽家里“老一辈”时，还经常假装无辜地认真倾听，发表共鸣，全然没让他们发觉我竟是个

“卧底”，其实他们说的那些问题，我都有。

既然可以被两代人所信任，我就不自量力地萌生了这样一个想法：看看能不能作为一个“外人”来和大家一起念念这本关于合力养育家家都难念的经，因为它真的让太多的年轻人为此苦恼了；看看能不能作为一个“中间人”来调和一下这些“不可调和”的家庭矛盾，给两代人一些积极的建议，因为它真的也让老辈人为此伤心了。

于是，我决定将这个清官都难断的家务事拿出来公开断一断。既然两代人的矛盾焦点主要集中在育儿问题上，那我就把自己所知道的一些儿童心理学知识拿出来与大家分享，尤其是给那些已经或即将成为祖父母的同龄人，让他们或许可以成为既让子女放心又有专业知识的祖父母。

想法很大胆，对吗？之后的路就不平坦了，受到了很多的质疑。

“书的受众群是谁？祖父母？年轻的父母还做不到持证上岗呢，哪里轮得到祖父母？不行，不行！”

“祖父母，七老八十的老头儿、老太太？老人会去书店买书看吗？不行，不行！”

“老人退休了还愿意学习吗？看孩子那么忙，能有空读书吗？不行，不行！”

“一贯按经验出牌的老人能听得进不同的意见吗？不行，不行！”

“你是向着儿女说话，还是要替老人发声？向着儿女说话会不会激化矛盾？替老人发声，儿女会买账吗？”

一时间，问题接踵而来。

但我依旧想写，因为这个矛盾几乎家家都有，甚至延续了几十年，而今演变到了白热化。一个人会在看到和自己想法相左的观点时本能地不屑、气愤，但智慧的女人、男人一定会从别人的故事里找到自己的影子，反思自己的做法，无论他是“60后”“70后”“80后”还是“90后”，都是如此。况且，人们的目的不是为了争个谁对谁错，而是为了共同学习、合力教育，最终让孩子在温馨的家庭氛围中健康成长。

有人说：“孩子就该父母自己带，祖辈带娃本身就有问题。”但是自己带，现实吗？现在大多数女性都有工作，家里都是双职工，看孩子这件事自然就落到了祖父母的身上。在城市里，我们随便打听一下，周边哪个孩子不是祖父母带大的？据不完全统计，中国大约有60%～70%的孩子都是由爷爷奶奶、姥姥姥爷带大的，因此祖辈带娃便成了一个极具“中国特色”的、历史悠久的、短时期内无法逆转的普遍现象。

而今，“90后”当上了父母。随着年轻一代父母受教育程度的普遍提升，他们对孩子的养育格外关注，对养育者的要求也变得更高。网络时代大量的育儿知识铺天盖地般迎面而来，身在养育第一线的祖父母们如果不能与时俱进的话，两代人之间的矛盾就会越发凸显。

好在即将要当祖父母的是一群“60后”。

“60后”是一个特殊的群体，他们出生在困难时期，少年时经历了一场浩劫的尾声，赶上了恢复高考，工作时迎来了改革开放，中老年时又撞上了飞速发展的信息时代。他们的大半辈子都在变革中度过。他们有工作，有文化，有见识，有情怀。如今他们即将或正在从各自的领导岗位、工作岗位上退下来，回归到家庭中。家庭中一个新生命的诞生又让他们重新找到了自己的存在价值和生活意义。

他们是有别于之前任何一代祖父母的“新派”祖父母，有着对和谐关系的向往，对高品质生活的追求，以及很强的学习能力。他们懂得自己是要和孙辈朝夕相处的人，自己的素质决定着孩子的早期教育模式，他们对孙辈的爱除了无微不至的呵护外，还需要具备科学、健康的养育知识。他们渴望学习、渴望交流，希望自己能够成为第一代经过系统化学习、“持证”上岗的祖父母，因为他们知道这个时代带孩子早已经不是将孩子养得白白胖胖那么简单的事情了，他们潜移默化的教育和熏陶正铸造着孩子尤为重要的童年。

的确，一个孩子的童年会关系到他的未来，而一代孩子的童年会关系到整个民族或国家的未来。与其抱怨无法避免合力养育中的矛盾，不如把父母学堂同时搬到祖父母这里来，让三代人一起学习，共同成长。

在写这本书的过程中，我走访了很多家庭，聆听到很多年轻人的无奈和老人的苦衷，发现自己以前真的太少关注老年人心理了：或许觉得他们已经退出了历史舞台，成为社会中可有可无的“弱势群体”；或许觉得和他们之间有不可逾越的代沟，不愿去聆听。但当我真正走进老人中间对他们感同身受后，才越发觉得需要替他们发声。而我本人也在写作这本书的过程中心灵一次次受到撞击，越发地想去关注、关心、关怀家中和身边的老人。

年轻的父母常常会因为老人带孩子的不得法而去责怪老人，但他们是否知道，敬老本身就是对孩子最好的教养。反之，大人对老人的吼叫，孩子也会看在眼里，学在身上。而老人也不要一味地拒绝新生事物，旧的经验未必能带好新时代的孩子。

这本书看似讲的都是一些家长里短、婆婆妈妈的事情，其实是告诉祖父母一辈和年轻父母一辈如何正确地爱孩子。要知道，0～6岁这个阶段对一个人的一生尤为重要。在这个阶段，孩子最需要学习的并不是知识而是关系。他在潜移默化中学习家人是如何相处、如何相爱和如何爱他的。一个身体健康、智力正常、心态良好的孩子一定出自一个和谐的家庭环境。

平日里，人们常常会看到一些人所做的极端行为，究其根源是受到了不幸童年的影响。一个孩子童年获得的良好安全感会成为其一生幸福的保障。如果每一个孩子都成长得好，那么以后的社会才会更加稳定、和谐。

本书从心理学的角度来解读祖父母、父母参与合力养育以及两代人需要了解的一些事，希望能对当下的合力养育参与者有些帮助。

最后，感谢张晓光女士对本书的倾情付出，从话题的调研到结构的布局都倾注了她很多的心血；同时也感谢一路走来，为这本书提供大量案例和宝贵意见的朋友们。

邵　珊

2019年6月

目 录

第一章　家庭和睦是合力养育成功的基础

第二章　抛弃陈旧的育儿思想和观念

第三章　掌握科学育儿新理念

第四章　读懂儿童奇怪行为背后的心理动因

第一章

1 家庭和睦是合力养育成功的基础

“儿媳的‘断舍离’，扔掉了我所有的念想”

孙奶奶是西安的一名小学教师。1960年出生，因为困难时期吃不饱，孙奶奶从小就营养不良，现在也是一个个头不高、精瘦精瘦的小老太太。孙奶奶脾气一向很好，所以和儿子、儿媳常年住在一起倒也相安无事。

但凡经历过困难时期的人都很节俭，孙奶奶也不例外。比如，她从不买垃圾袋，每次都用家里买菜留下的塑料袋套在垃圾桶上，有时塑料袋不够大，就这么半吊着挂在那儿，很不美观。孙奶奶也从不淘汰东西，只要东西没坏就绝不扔掉；即使坏了，她也会想办法修一修，补一补。孙奶奶并非没有钱，老两口儿的退休金足够他们花了，儿子逢年过节也会给他们一些钱，但就是养成节俭的习惯了。每当东西修补好了，孙奶奶都会有一种变废为宝的成就感。每每她去换个表带、钉个鞋后跟，心里都会很开心，因为这样一来东西就又可以用了，不会浪费。

随着生活水平的提高，儿子、儿媳不停地往家里运东西，整个家都被塞得满满的，像个大仓库，几乎快没有了下脚的地方，但是家里旧的东西孙奶奶却不舍得扔，占了很多地方。

每次儿子都会因为这个和她吵："妈，家是住人的地方，不是存'破烂儿'的地方。我们买来新的东西，您能不能把旧的扔了，给新东西腾点地儿？"孙奶奶也是这只耳朵进，那只耳朵出，依旧我行我素。

一日，儿媳在外面上了一堂日本的"断舍离"课程，觉得受益匪浅，生活中就是要断绝不需要的东西，舍弃多余的废物，脱离对物品的执着迷恋。课程中还讲到了老人爱囤积东西，是因为他们经历过物资匮乏年代，对未来有一种不安和恐惧。儿媳觉得老师讲得实在是太有道理了，回到家她就开始了"断舍离"行动。她先把阳台里堆得满满的杂物整理一番，把没用的统统扔到了楼下。就在她一个人酣畅淋漓地干着的时候，孙奶奶回来了，手里攥着一个一分钟前她刚刚扔掉的搪瓷缸子。

"这缸子谁让你扔的？"孙奶奶举着缸子冲儿媳大声呵斥着。

儿媳从没见过婆婆发这么大的脾气，着实吓了一跳："这破缸子留着有啥用呀？再说，家里这么乱，这么多的破烂儿，宝宝走路多不方便呀！"

"你懂啥，这是我奶奶留给我的唯一念想，你们要再这么扔，我跟你们说，你们就别住在我这里！"孙奶奶说着"砰"的一声关上了房门，把一脸不解的儿媳关在了门外。

东西的去留，都需要对彼此多一点儿尊重

对于家中旧物的处理，子女扔、老人捡的矛盾几乎家家都有，这里面的"梗"是什么呢？是念想，是对逝去岁月的怀念。不到一定年龄，年轻人很难体会这种情感。

怎么办？

给子女的建议：

◎ 尊重老人的怀旧情结

用得年头越久的东西，老人越不爱扔，一方面是节俭，一方面是对岁月的纪念。那个物件上有对那段时光，以及对那段时光里很多人和事的回忆。很多年轻人不能理解，为什么一个又破又旧的缸子扔了，老人会气得要死要活的？因为它的意义绝不仅仅在于它是个装水的容器，更是一份念想，很久远的一份只属于自己的念想。年轻人要学会尊重和接纳老人的这种怀旧情结。

◎ 试着理解老人

习惯的养成不是平白无故的，也并非一朝一夕。子女不理解老人，是因为子女没有经历过老人所经历的时代，与其贸然扔掉老人的一个缸子，不如坐下来听老人讲讲缸子的故事。听老人讲完后，或许子女就不会扔了，因为子女了解了它的意义；或许老人愿意扔了，因为缸子本身并不重要，老人想留下的已经留下了。

给老人的建议：

◎ 不攒东西

不舍得扔东西，甚至捡回别人家淘汰的东西，觉得以后都会有用，是一种习惯和感觉。而事实是：有些东西堆放在那里，以后几乎用不上。

◎ 停止忧患

现在的生活水平是富足的，东西是够用的。觉得不够用，其实是一种匮乏心理在作怪。经历过物资匮乏时期的老人，会有很强的忧患意识，其实是不必要的。

◎ 活在当下

留作念想的东西可以留一两件，但不能是全部。因为家里的空间毕竟有限，要留出更多的空间为现在的人所用，老人不仅要怀念过去，更要活在当下。

◎ 注重居室美观

家不仅是居住的地方，也是生活的地方，居室的美观需要一定空间来体现。

◎ 考虑小朋友

要给小朋友留出一定的活动空间，太多的杂物堆积容易落下很多灰尘，影响小朋友的健康，也会给小朋友造成更多身体磕碰的可能。

“婆婆走了，我傻眼了”

玲玲的婆婆从河北老家来北京帮她带孩子，头三天两人还客客气气地和睦相处，一个星期后各种不适应全都显现出来。

婆婆嫌弃玲玲懒、不干活，玲玲挑剔婆婆喂养不科学，婆媳俩嘴上没明说，但满心的不高兴全都写在脸上了，这样双方压抑着各自的不满又生活了一个月。

这天，因为婆婆追着给孩子喂饭，玲玲实在看不下去，便和婆婆争执起来，数落起婆婆带孩子的种种不是。婆婆一气之下，放下孩子摔门离去，到火车站买了张火车票直接回了老家。

这下玲玲傻眼了，孩子看不见奶奶又哭又闹，玲玲一个人又要哄孩子又要做饭，她赶紧给老公打电话。老公一听妈妈被气走了，也没好气，谎称加班回不来。玲玲一时四面楚歌，局面混乱不堪，只好向单位请了一个星期的假，自己在家带孩子。

这一个星期，玲玲彻底体会到了带孩子的不容易。孩子醒的时候，要各种陪着玩；孩子睡了，她还要给自己做饭、洗衣服、收拾房间。买个菜得推着孩子出去，一边挑着菜，一边还得顾着孩子别被坏人推跑了。有的时候困得不行了，抱着孩子都能睡过去。

这时候玲玲就想：现在哪怕有一个人能帮我搭把手，换我休息两小时，我都千恩万谢。想想当初真不该自己啥都不干，还挑婆婆这不好那不对的，如今一个星期的假期眼看就要过去了，后面的日子还不知道该怎么过呢！

当自己收拾不了残局时，才发现自己离不开老人的帮助

带孩子是一件没完没了的、非常辛苦的事情，尤其是对年纪大的老人而言。一首打油诗写道："是主人吧，说了不算；是客人吧，啥活儿都干；是保姆吧，一分钱不赚，外搭钱还不算；是志愿者吧，还没人点赞！"

年轻的父母自己不带孩子，但会经常学些科学育儿的方法，回来对照这些理论来审视老人的做法。老人在家累了一天，没有得到感激还要接受子女的指责，自然心里不爽。

很多老人仅凭着对孙辈的喜爱和一腔热情就来了，但干着干着他们发现，自己需要具备教师的水平、医生的能力、保姆的耐心、厨师的手艺、运动员的体魄和专业司机的技术，稍有差池就会被儿女嫌弃甚至指责。这种高标准、严要求，自然会打击老人带孩子的积极性，有的老人一气之下就"罢工"了。

怎么办？

给子女的建议：

◎ 学会换位思考

年轻人不要一开始就全部依赖老人，要自己带一段时间孩子，这样才会真正体会到那种带孩子的艰辛，才会感同身受地去理解老人。这么年轻都吃不了的苦，比自己大几十岁的老人怎么就能承受？并且在吃苦受累的过程中还要被年轻人不断地谴责。这样换位思考，年轻的父母就会多一分感恩，少一分责备。

◎ 尊重长辈，懂得感恩

在和老人发生矛盾的时候，说话要留有余地考虑后果，不要一气之下什么狠话、难听话都说出来。永远记住老人是长辈、自己是晚辈，对长者要礼让三分。再说，带孩子本应是自己的事，老人是过来帮忙的，不可对老人不敬。

给老人的建议：

◎ 体谅小辈

在身体条件允许的情况下，能帮忙还是给孩子帮帮忙，毕竟现在的孩子工作忙、压力大，有时真的分身无术，做老人的还是要体谅他们。

◎ 智慧而灵活地应对矛盾

和小辈在一起生活，总会有矛盾。既不要忍气吞声，把自己憋出病来；也不要当着孙辈的面和儿女大吵，这样既伤感情又对孙辈不好。可以出去缓解几天，看看电影、逛逛街，找老伙伴聊聊天。一方面，把自己的不良情绪释放一下；另一方面，也让儿女体会一下自己带孩子的不易。

“我终于被‘刑满释放’了”

云辉的母亲是一位干练的机关干部，一年前专程从山西老家赶到上海给儿子带孩子。

一天，同楼的华奶奶去楼下取快递，正好遇到云辉妈妈用婴儿车推着小孙子在院子里晒太阳，两人便闲聊了起来。

“小辉妈妈，您来上海多久了？”

云辉妈妈笑笑说：“快6个月了，到这个月末，我就可以‘刑满释放’回家了。”云辉妈妈说着脸上流露出抑制不住的高兴。

华奶奶诧异地问她：“刑满释放？难道您把给儿子看孩子当服刑了？”

“可不是嘛，我和孩子姥姥是轮流来这里看孩子，每次轮到我，我就和我老伴儿说：‘你就当我是被判了6个月的徒刑，刑满释放我就能回家陪你了。’”

“怎么这样讲，是上海不好，还是儿子、儿媳对您不好？”

“上海哪有不好，这么洋气的大城市，可是我觉得这里再好也不是我的家。去个菜市场，到处都说上海话，我听也听不懂，有时我一不小心说了山西话，他们也听不懂，好像到了国外似的。而且这里的天气一下雨就阴冷阴冷的，不像我们大同是干冷，真是太不适应了。”

“这倒是，我们是在这里住习惯了。”华奶奶说。

“还有，我这个人爱热闹，在老家到处都有朋友，我们经常一起跳舞、唱歌、打麻将。来到这里我一个人也不认识，每天除了和宝宝说话，就是和宝宝说话，都快把我憋出毛病了。到了周末，他们小两口儿带着孩子上这个早教班、那个亲子班，人家一家三口好不容易团圆了，我也不好意思非跟着去，就只好在家里和老伴儿视频。”

“唉，你们这些从外地离家来这里带孩子的老人也真是不容易，我看网上给你们起了一个名字叫‘老漂族’。”

“是呀，老了老了，还要漂泊。好在我和孩子姥姥半年一轮，还有个盼头。可是我那儿子和丈母娘处不来，总想让我一直住下去。我住这儿，他多自在呀！我就对他说：‘你要是想孝顺你妈，你就对丈母娘好点儿，这样就不用只累你妈一个人了。当然啦，如果你们实在处不来，妈还是会来帮你的。’”

华奶奶又问：“那小两口儿对您还好吗？”

“对我还行，我要求也不高，不过他们小两口儿总吵架，这也是我不想待着的原因。我不在，他们爱怎么吵怎么吵，我眼不见为净；我在，他们一吵架，我就感到如坐针毡，您说我向着谁？向着谁都不合适。我不说话吧，好像沉默也是一种态度；说吧，只要多说一句，都会引火烧身。所以呀，这日子就是熬，为子女奉献的父母不都是这样吗？这不，我终于小心翼翼地没出任何事故、没有任何差池地熬满了6个月，这回儿子也懂事地放我走了，现在我想想都一身轻松。”

如同“坐监”的老人带出的孩子也不快乐

据不完全统计，截至2016年，中国已经有1800万的“老漂族”。他们为了给子女带孩子，离开生活了几十年的家乡，来到北、上、广、深这些大城市生活。儿女们在大城市站稳了脚跟，自己却被迫背井离乡开始漂泊。有的老人因为子女家里住房有限，还不得不和老伴儿过起了两地分居的日子。

怎么办？

给子女的建议：

◎ 理解父母

其实，对于老人来说，他们不害怕辛苦、受累，他们害怕的是漂泊在异乡的孤独感。这一点做儿女的很多都不太能够理解，子女会认为：老人到了儿孙身边有什么可孤独的，这里是大城市，各方面条件也比老家强，我是来叫您享福的。但是子女要知道，人老了适应变化的能力在退化，新地方的气候、饮食习惯、语言环境都会给老人的生活带来不便。突然到了一个人生地不熟的地方，没有了原先的街坊四邻、亲朋好友，居住环境变了，生活习惯也改了，就连几十年如一日的作息时间也随着孙辈的出生而改变了，这些改变会让老人产生各种的不适应和不自在。这点子女要理解，并给予老人所需要的关心和理解，下班回家除了陪孩子玩以外也要和在家憋了一天的老人聊聊天，让他们有所期盼，感觉到被关注。不要一回家满眼看到的都是老人做得不对的地方，然后一一批评、指正。父母也是人，他们也有情感的需求，他们也期待鼓励和赏识。

◎ 让父母融入自己的生活

节假日的时候全家一起出去玩儿，如果老人没有强烈表示不愿意，要尽量带上老人一起出去。如果想有自己小家的独有时光，可以隔次带老人一次。有的时候老人是客气，如果子女够真诚，老人是会去的。很多老人因为看孩子不与外界接触而陷入了“精神空巢”，与互联网时代年轻人的生活方式格格不入。陌生的城市里没有他们熟悉的娱乐休闲方式，所以他们会认为在这里的生活如同“坐监”。

◎ 不在老人面前吵架

小两口儿不要当着老人的面吵架，这会让他们不知所措，生怕哪句话说得不合适就会引发家庭矛盾。

总之，当儿女的要随时注意观察老人的情绪变化，除了孝顺老人以外，还要明白一条：只有心情舒畅的老人才能带出开朗、活泼、安全感强的孩子。

无论父母怎样选择，我们都要给予尊重和感谢，毕竟带孩子是自己的责任。

给老人的建议：

◎ 把握好边界

和子女生活需要有一定的边界感，但也不必太把自己当外人，有一种寄人篱下的错觉，毕竟都是自己的亲生孩子。

◎ 理解爱的表达方式

直接告诉孩子表达爱的不同方式。我们用自己的方式表达爱，同时也学会接受孩子表达爱的方式。如果孩子带自己去吃饭就跟着去，如果给自己钱就拿着，这是年轻人表达爱的方式。如果自己都不需要，就直接告诉孩子自己最需要什么，不要让孩子猜。如果孩子猜不出来，自己又偷偷伤心，就得不偿失了。

◎ 懂得释怀

老人得想开点儿，同样是辛苦，愉悦地带孩子比痛苦地、数日子带孩子要愉快得多。

“我把儿媳当闺女待，结果还待成了仇人”

英杰是个爽直的北京人，省吃俭用把儿子送到新西兰留学六年，儿子回国后娶妻生子，她忙得不亦乐乎。然而英杰最近身体特别不好，总是头晕、胸闷，一天到晚去中医院开药调理。医生问她是不是有什么不顺心的事，她说都是儿媳给气的。医生说：“要去您这心病，除了吃药还得解开心里的结。”

正巧那天我也去看病，在药房碰到了她。她滔滔不绝地向我倒起了苦水。

我问她：“您把儿媳当什么？”

“当闺女呀！”她不假思索地说。

“您有闺女吗？”我问。

“没有，那会儿还没放开二胎呢！”

“那您觉得当闺女待，应该怎么做？”

“该疼疼，该说说。”英杰答道。

“那结果呢？”我反问道。

“结果是我疼她的地方、为她好的地方，她都不记得，还嫌我管得多。我连内裤都替她洗了，也不落一句好。而我说她的地方，她都记得，还记仇，有时候还到我儿子那儿告我的状。真是人心隔肚皮。”

“那现在，您对她什么感觉？”我问道。

“看见她就烦，真后悔当初干吗同意儿子娶她。我跟您说实话，我就想见到我儿子和孙子，真不想见到这儿媳。但我老伴儿说，人家是一家人，就得一起来。这不，上周末来我这里，只和儿子说两句话，儿媳回家就和儿子吵架了，说我在儿子面前说她坏话，真是气死我了。”

“那您说了没有呢？”我追问。

“没有呀，我也就是和儿子说了些我真实的感受。那是我儿子，我把他养那么大，还不能和自己儿子说点儿真心话吗？”

“您愿意原谅儿媳对您做的一切吗？”

“不愿意。”英杰回答得很干脆。

“其实她也一样。”英杰听完我的最后一句话就愣在了那里。

婆媳关系的实质是竞争关系

几乎每一对婆媳相遇之前，都有这样一个美好的愿望——“我要把婆婆当亲妈。”“我要把儿媳当女儿。”结果大部分都事与愿违。不是亲生的就不是亲生的，没有血缘关系这是一个不争的事实。

其实，婆媳关系的实质是竞争关系。因为很多婆婆特别重视自己的儿子，常常把儿子放在第一位，所以很容易变成两个女人争夺一个男人的局面。况且，婆媳俩并不是像闺密因为彼此相互欣赏、喜欢而相处在一起，完全是因为那个被叫作“儿子”或者“丈夫”的男人生生地把她们牵到了一起。她们同时爱着同一个男人，难免会因此而“争风吃醋”。

怎么办？

给子女的建议：

◎ 做到起码的尊重

婆媳间要想和平共处，守住各自的底线，客客气气就好，做到十分亲密实属不易。儿媳要做到对婆婆起码的尊重，不开心时可以不在一起，但在一起时绝不说重话、狠话、难听话。像对待客户一样对待你的婆婆，亲密对于婆媳关系来说是“奢侈品”，但礼貌却是“必需品”。

◎ 改变需要时间

认清儿媳和这个家庭的关系，在儿媳进入这个家庭时，婆婆和儿子已经生活了二三十年。虽说儿媳是这个儿子的合法妻子，应该事事排在首位，但在儿媳出现之前的二三十年里婆婆的的确确是儿子生活中最重要的女人，要想改变这个次序需要时间，更需要儿媳的努力而不是理所应当。

◎ 留给他们专属的时光

聪明的女人会偶尔把丈夫还给婆婆一会儿，让他们重温一下原生家庭的温馨，这样婆婆和丈夫都会感激她。他们在一起时不一定是在说儿媳的坏话，有时只是单纯地想单独待在一起聊聊天，享受一下专属的母子时光。就像岳父也希望有一天女儿能单独回去陪陪他，重温一下女儿小时候的时光一样，只是他不好意思说出口。

给老人的建议：

◎ 儿媳与女儿不同

对女儿，母亲疼她、管她，她也会嫌母亲烦，可母亲无怨无悔，因为她懂事的时候会对母亲感恩戴德，常常冒出“世上只有妈妈好”的赞美之词。但儿媳不一定会。说多了，她也许会觉得婆婆在掌控她，而她只要稍微露出那么一丁点儿的不耐烦或者不屑的表情，婆婆就会天崩地裂般的伤心，从此再懒得说她一句。对女儿，母亲看不惯她了，说她，她会和母亲吵，大声地嚷嚷，甚至大放厥词，可是要不了多久就没事了，搂搂抱抱又腻在一起，好像一个个都没长心肺似的。其实说到底，女儿的心是母亲给的，怎么会记仇呢？可儿媳就不同了，不要说嚷嚷，婆婆不经意间或者很委婉地批评一句，人家就能记在心里，或许会永远地记着。她也会改，但是从此对婆婆便敬而远之，这还是修养好的。修养不好的，婆媳大战在所难免，难受的还不是儿子？所以对儿媳客客气气就好，夸奖的话能多说就多说，指责的话能不说就不说。

◎ 距离产生美

和年轻人保持一定的边界，不该做的事不必去做。距离产生美的同时还会产生更多的尊重，请求帮忙后得到的帮助，才是孩子们需要的，他们也才会珍惜和心存感念。该是他们做的事情不要越位包揽，如果老人付出劳动换取的是孩子觉得被侵犯了隐私，那又何必呢？况且又的确是隐私。

总之，婆媳关系不在于一开始处得有多热乎，而在于之后是否都能永久地和平共处。

“孙女要上幼儿园了，我是该走还是该留”

丽丽的奶奶最近郁闷极了，因为眼看着丽丽上幼儿园了，这个家就不再需要她了，她是继续待下去还是回老家呢?

一天，丽丽奶奶正在小区的运动器材那里锻炼身体，碰到了隔壁楼的石奶奶，老姐儿俩就聊了起来。

“丽丽奶奶，您今天也有空来锻炼啦?”

“丽丽上幼儿园了，我就有时间了，出来溜达溜达。您看这白天也没啥事，我正愁是回老家还是留下呢?您呢，小石头也上幼儿园了，您走吗?”

“我当然想走，我都来2年了，老头子一个人在老家也没人照顾，这不终于熬到石头上幼儿园了，我就可以回去了，可是闺女不愿意，非让我留下不可。您说我留下干吗呀!老家有老伴儿和一堆朋友等着我呢!这儿白天只能一个人关在屋子里看电视，又不是自己的家，也不能随便动。老姐姐，您说，我要是现在不走，再过3年，孩子上小学了，每天3点半放学，我还走得了吗?我这后半辈子不都得拴在这儿了?我可不想这样，可是我又磨不开面子跟闺女讲，怕她不乐意。我听说，我家对门的闺女怕她妈妈走，偷偷把她妈妈的身份证给藏起来了，给那老姐姐急的。丽丽奶奶，您啥情况，您想走吗？”

“我？我和您不一样，说心里话，我不太想回去，我老伴儿去世得早，回去家里也是我一个人，冷锅冷灶的。而且，我带丽丽也带出感情了，心里真是放不下这孩子。可是不回去，好像自己赖在儿子家似的。儿媳虽然没有明说，但我能感觉得出来她没有留我的意思，我也是左右为难啊！”

“那我劝您还是走吧，趁自己还走得动，到处去旅游旅游，也让孩子们过过他们三口之家的小日子，您说呢？”

“您说得也是。”

去留都要考虑并尊重对方的意愿

我在做培训时，多次问过在场学员这个问题，得到的答案惊人的相似。男士几乎都说留，而女士异口同声地都说走。为什么呢？因为立场、角度不同。男士想留，是想让父母在自己身边既可以享受天伦之乐，又可以帮自己带孩子。女士想让走，是想有自己小家的独立空间和时间，又希望丈夫因为无人帮忙而不得不对家庭有担当和责任。

怎么办？

给子女的建议：

◎ 作为丈夫，不要依赖老人

无论是自己亲妈还是丈母娘，他们都希望长辈留下别走。因为只要老人在，自己就可以不用过多地参与家务和管教孩子，这样就有更多的时间忙事业或者还可以忙里偷闲地约个朋友，打会儿游戏，这种“国泰民安”的日子何乐而不为，为什么要改变呢?！但他们有为老人和妻子考虑过吗？如果老人真心想走，小两口儿也要放行。不要为了自己方便，为了每天回家孩子有人接、饭有人做而强行将老人留下。老人也有自己的生活，在退休后的几十年里，他们也想过过自己想要的多彩生活，特别是那些因子女家居住空间有限、为了带孙辈而两地分居的老人，做儿女的更要体谅他们的情感需求，他们也需要与伴侣的情感交流，也需要夫妻团聚。

◎ 作为妻子，理解老人的去留

她们希望回归到原本的三口之家的生活模式，这也在情理之中，可以理解。一来家庭关系会变得简单，二来没有老人帮忙，丈夫不得不参与到养育孩子的事情中来，共同的事情和相互的依赖不仅会增进夫妻感情，还会培养丈夫的责任感。问题是：如果老人愿意走，这当然好，但如果老人不想走，我们也不能明里暗里地赶老人走。这样老人会非常伤心，觉得儿女需要时，就得招之即来；儿女不需要时，就得挥之即去。可以和老人推心置腹地谈一次，把双方的想法和需求都说出来，看看能不能达成暂时的统一。当然，如果老人身体不好，我们绝不可以轰老人走，这正是老人需要儿女的时候，照顾老人是每个子女应尽的义务。

给老人的建议：

作为老人，如果身体还可以，生活完全可以自理，在儿女不需要帮助的时候，老人可以选择先离开一段时间，理由有三。

◎ 给孩子们独立生活的时间和空间

很多儿媳在结婚的时候并没有预设到今后会和公婆生活一辈子，两代人在一起，特别是来自不同家庭的两代人，多多少少会有一些不和谐。有的儿媳修养好会包容，有的儿媳因为当下需要老人的帮忙会隐忍，一旦最难的时候过去了，她们会流露出单独过日子的想法，这也无可厚非，老人应该体谅。

◎ 不必担心孩子们没了老人过不好

一旦孩子们自己生活的时候，他们会更加独立，也会更加恩爱。没有长辈的帮助，日常生活中的买菜、做饭、洗衣服、收拾屋子、带孩子都需要自己来做，这种切身的体验不仅会让年轻人因体会到当初老人的巨大付出而心存感激；同时也会让小两口儿因为没人帮忙而更加相互依赖，从而增进感情，增加对家庭的责任感。

◎ 劝导子女拿出更多的时间陪伴他们的孩子

让小两口儿在陪伴中关注孩子、教养孩子。对孩子来说，亲子陪伴是童年的巨大财富。不必担心孙辈会受苦，他们是父母的亲生儿女，父母不会亏待孩子的。以前不做是因为有老人在，他们没有机会，一旦老人不在身边，他们会很快承担起父母的职责。

不在一起时不必太牵挂，在一起时不必太纠缠。珍惜当下的缘分，一切都是最好的安排。

“面对‘妈宝男’老公，我该如何是好”

心怡是个湖北姑娘，孩子还不到1岁她就离婚了。她真的没想到，当初自己嫁给一个单亲家庭的儿子，现在自己也成了一个带着儿子的单身妈妈。难道单亲家庭真是个魔咒，它真的会传承？

心怡的前婆婆是个上海人，在她儿子才2岁的时候，因为丈夫下海经商有了外遇而离婚。从此，婆婆一个人含辛茹苦地把儿子带大。好在心怡丈夫从小就是一个懂事的孩子，一直很体贴、关心妈妈，母子俩就这样相依为命二十多年。随着儿子慢慢长大，婆婆觉得儿子就是家中的顶梁柱，是唯一可以依靠的男人。慢慢地，她有意无意地把本该对丈夫的爱统统倾注到了儿子的身上，她希望永远能和儿子生活在一起。

心怡和丈夫结婚后，小两口儿无力买房，婆婆也不愿意儿子、儿媳在外面租房子，就让孩子们和自己住在一个屋檐下，这样她可以随时照顾他们的生活起居。

新婚之夜，小两口儿刚要休息，婆婆敲了两下门，还没等回音就推门进来问被子够不够厚。老公倒是习惯，弄得心怡好不尴尬。谁让她是个外地姑娘，好不容易在上海有了个家，哪还能说三道四，也就只好忍气吞声地将就了。可类似的不适应与不和谐总是不断。

不到一年的时间，心怡就怀孕生了儿子笑笑，但日子并没有因孩子的出生而快乐起来。

每当心怡想和老公商量一下关于孩子的事情时，老公总是说“我问问我妈”或者是“我妈说不行”。好像这个家里的大小事情都要婆婆来做主，这让心怡非常煎熬。

每每这时，老公总争辩说：“孩子是我妈带，当然要听我妈的。”心怡心想：你妈带孩子没有错，但毕竟我们才是孩子的父母，孩子的事情还是应该由父母来决定的。老公凡事都听婆婆的，他到底是和我过日子还是和婆婆过日子呀?！他能不能有一点儿自己的主张，婆婆能不能不再干涉我俩的生活呀？老公的回答总是：“我从小就听我妈的，已经习惯了。再说我觉得我妈做的很多决定都是对的，就听她的吧！”于是婆婆成了小两口儿矛盾的主要焦点。

最后，心怡实在无法忍受和强势婆婆以及“妈宝男”丈夫的这种相处模式，毅然提出了离婚。自己孤身一人带着孩子离开了上海，和儿子过起了相依为命的单亲生活。失去丈夫的心怡对儿子格外依恋，她的生活处处以儿子为中心。有一天她突然问自己：儿子会不会成为下一个“妈宝男”呢？想到这儿，心怡不禁有点儿担忧。

不要把“妈宝”当成是孝顺

有些男人打着孝顺的旗号，行着“妈宝男”的事情，其实“妈宝男”和孝顺是两回事。

孝顺是在具备独立人格的状态下关心自己的父母，而“妈宝男”无论在生活上，还是精神上都没有完成和母亲的剥离，未成为独立的个体。所以，这种情况下，儿子对母亲的感情不是孝顺，而是依恋。有些“妈宝男”是因为母亲对儿子的依恋导致的。母子两人因为共生太久，习惯了“相依为命”，才无法接受其中一个人的独立。这是一种不正常的母子关系，会严重地影响儿子与儿媳的亲密关系。心理学家武志红说过，这世界上只有三件事，自己的事、别人的事和老天的事。当一个人缺乏界限感的时候，就常常把自己的事托付他人，邀请他人跨入自己的界限，也常常把自己的意愿强加于人，强行跨入他人的界限。

怎么办？

给子女的建议：

◎ 对儿子而言，成家即独立

成家即意味着独立，自立门户了，之后的很多事情要自己做主，不可再事事依赖母亲。即使母亲想管，也要委婉地拒绝，明白今后的日子是和妻子过，更多的时候要和妻子商量。

◎ 对儿媳而言，让丈夫逐渐成长

如果发现老公是“妈宝男”，要先从老公下手。他像一个没长大的孩子，因此做妻子的成分里要多带些母爱，要更多地给他出主意，鼓励和包容他，让他渐渐从对母亲的依赖转移到对妻子的依赖再进化到不依赖任何人。遇到“妈宝男”，妻子要变得更强大，否则只有离婚一条路。问题是离婚后的日子独自拉扯孩子也并不好过。

另外，年轻的儿媳也不要动不动就把关心母亲的老公统统说成是“妈宝男”。孝顺是子女应有的美德，哪个母亲都不希望有一天自己的儿子被人说成“娶了媳妇忘了娘”。对老人正常的牵挂和孝顺是应该并值得大力提倡的。

给老人的建议：

◎ 单身母亲做好与儿媳相处的心理准备

很多单身母亲无法接受一个“从天而降”的儿媳在自己和儿子之间竖起一道墙，这让她们从无所适从到莫名其妙地产生愤怒。她们本能地会认为儿媳是破坏他们母子之间近30年和谐关系的第三者，进而对儿媳横挑鼻子竖挑眼，最终导致儿子婚姻的失败，让心爱的孙子再次沦为单亲家庭的孩子。

为人祖父母需要挑战的东西很多，和子女建立边界恐怕是首当其冲的。家庭会因为延续而发生关系和格局的变化，老人要努力适应这种变化，这样家庭才能正常地传承下去。不要因为自己情感的不适应和执念让家庭的不幸在孙辈身上再次复制。情感的寄托方式有很多种，除了儿子、孙子，还有朋友和兴趣爱好，应该适时让自己“走出去”，学会适当放下。

“给儿子看娃，我差点儿‘抑郁’了”

汪奶奶62岁，是个不爱说话、为人低调、性格内向的老人。最近一段时间，汪奶奶精神状态一直不好，常常一个人独来独往，不太和周围的邻居们说话，大家以为汪奶奶性格孤僻，也都没太在意。

自打2年前，汪奶奶从老家搬来和儿子、儿媳住在一起帮助他们带孩子开始，心情就一直不太愉悦。受累不说，有时还要看儿媳的脸色。不管怎么做，儿媳总能挑出她做得不好的地方。她也努力按照儿媳的要求去做，但因为一来年龄大了，记性不好，再者不是以前自己习惯的方式，所以总会忘记儿媳的要求。儿媳开始还不断地提醒告诫，后来看汪奶奶总不改，也就懒得说了，但脸色却越来越难看。汪奶奶一天两天地忍着，每当儿媳要下班回来，她就会更加紧张，也就更爱忘东忘西。

这天，她竟然把孙子换下的尿不湿忘了放进垃圾桶里，就那么扔在了地上。儿媳回来什么也没说，冷冷地看了婆婆两眼。这一看不要紧，她发现婆婆目光呆滞、面无表情，一副百无聊赖的样子，想想婆婆的确好几天都没怎么和他们说话了，就连宝宝叫她，她也是有一搭无一搭的，婆婆这是生病了？晚上，儿媳把看到的场景和老公一说，儿子觉得不妙，赶忙跑去看汪奶奶，但无论儿子和汪奶奶说什么话题，汪奶奶都提不起兴趣，就是坐在那里发呆。

小两口儿面面相觑，儿媳忐忑地说："妈妈不会是抑郁了吧？""有可能。"儿子点点头。于是，儿媳再不敢给老人脸色看，赶紧联系医院带老人看病。

不可忽视的老年抑郁症

抑郁是一种情绪，抑郁症是一种病症。当老人有以下这些迹象时就要引起子女的重视，也就是抑郁的"三低"现象。

1.心境低落（不高兴），持续的情感低落，抑郁悲观。

2.思维迟缓（反应慢）。

3.意志活动减退（特别懒）、不想做事，严重时连吃、喝等生理需要和个人卫生都顾不了。

有的人还会产生躯体症状，如睡眠障碍、乏力、食欲减退、体重下降等。

那么，是什么因素引起了抑郁症？

迄今，引起抑郁症的病因并不清楚，但可以肯定的是有生物、心理与社会环境三方面因素。生物因素主要指生理方面，如基因、遗传；心理因素指病前性格特征，如抑郁气质；社会因素指老年期遭遇的应激性事件，如和儿女闹矛盾。

怎么办？

给子女的建议：

◎ 感恩老人的帮助

父母生了孩子，要照顾孩子、爱孩子、关心孩子，这是做父母应尽的义务。但是现在由于客观条件的局限，这份义务在一定时间需要老人来帮助完成。那么，子女要对老人给予的帮助表示感谢，没有他们的帮忙，年轻一辈的生活或许不能正常运转。

◎ 多表扬老人

老人如同孩子，同样需要鼓励和表扬。如果子女每天下班回家，都能发现老人做得好和进步的地方并及时表扬他们，他们也会因为自己的进步和成长而高兴。反之，如果子女一回家就是挑剔、找碴儿，他们就会活得战战兢兢、如履薄冰。如果再遇到性格内向、心眼儿比较小的老人，就很容易产生抑郁情绪。

◎ 不挑剔、不激惹老人

老人有做得不到位的地方，子女不应挑剔，要慢慢教他们。他们做不到的部分，子女自己补上，不对老人说过激的话刺激他们。

◎ 向老人主动认错

年轻人和老人认个错不丢人，只能说明年轻人更有涵养，年轻人每一次的小让步都会换回老人的大回报。

◎ 关注老人情绪

有问题及时发现。父母如果不高兴，要及时过问、劝导，把矛盾扼杀在萌芽中，不要让老人一味地隐忍，最后酿成重病。不要小看平日里在家对老人的一言一行，子女的每一个表情、每一句话的态度都会决定家庭关系未来的发展趋势。为人父母后不可太任性，要尽自己最大的努力让家庭顺畅运转，否则不仅没有人帮你带孩子，你还要照顾病中的老人。

给老人的建议：

◎ 调整好自我的心态

遇事尽量往好处想，不要钻牛角尖。

◎ 适当宣泄情绪

心里不痛快，要找一种适当的渠道宣泄出去，娱乐、运动或找人倾诉都是不错的选择。

◎ 寻求心理医生帮助

觉察自己有抑郁倾向时要去医院看心理医生，心理疾病和躯体疾病一样，越早发现、早治疗，恢复得就越好。

“我逼儿媳生二胎，儿媳请我来‘上刑’”

慧芳68岁了，身体一直不太好，不仅有“三高”，还有关节炎，本想在老家安度晚年，却被儿子一个电话叫到了北京。

2年前，小两口儿在她的催逼下生了二胎，亲家两口子年纪轻愿意去照顾，她也乐得省心。昨晚儿子来电话说亲家给累病了，让慧芳去替换。慧芳在电话里没有马上答应，她心里思忖：亲家比她年轻10岁，这么好的身体都给累病了，她这病恹恹的身体怎么吃得消？于是便对电话那头的儿子说：“妈知道你们现在困难，但你知道妈这身体也吃不消，要不这样，妈给你打10万块钱，你们请个育儿嫂好吗？”

还没等儿子回话，慧芳听到电话那头的儿媳说：“高血压、糖尿病那也算病？隔壁的王奶奶带着尿袋还给她儿媳带孙子呢！你妈也真够娇气的，再说当初不是她一个劲儿地让我们生二胎，说什么多子多福，不然我们现在也不至于忙成这样。”

慧芳听完默默挂断了电话。为了不让儿子太为难，慧芳当下就收拾行李，第二天下午就赶到儿子家，正式上岗了。

每天天一亮，慧芳做好早饭，叫儿子、儿媳、大孙子起床，然后收拾屋子，等儿子、儿媳带着老大出门上幼儿园，她再推着1岁的小孙子出去买菜，下午一边哄孩子一边做晚饭，晚上等一家三口回来一起吃饭。孩子们吃着，她则在一旁给小的喂饭，等她吃完饭还要收拾碗筷，一天忙下来累得她腰酸背疼、苦不堪言。

这天，她突然感到一阵眩晕，定神一想，忙乎了一天竟然忘了吃降压药了，赶紧把药吃上。慧芳一点儿也不敢懈怠，虽然她感到体力不支，那也得硬扛着，总不能让亲家给比下去呀！

尽管慧芳使劲儿地努力着，可还是总能被儿媳挑出做得不好的地方，不是孩子吃得不对，就是让孩子看了电视。后来慧芳都害怕儿媳回家了，一到下午五点半，她就开始如坐针毡，如同等着法官审判一样。如果这天儿媳高兴，没数落她，她就如释重负，算“逃过一劫”。

每到晚上，大的闹、小的哭，慧芳的心就突突地跳，她很怕自己坚持不住，一个跟头栽下去，不仅没有帮到儿子，还给孩子们添负担。事到如今，她真后悔当初逼孩子们要二胎，现在弄得自己骑虎难下，不帮说不过去，帮又实在力不从心。

老人不要强迫子女生孩子，子女也不要勉强老人带孩子

在西方，生孩子是女性的权利而不是义务，要不要孩子完全由自己决定，和老人无关。一旦生了孩子，父母就要自己把孩子抚养成人，这是父母的义务。但是我们国家长久以来有一句古话叫“不孝有三，无后为大”，所以生孩子就从权利变成了义务。因此，年轻人就形成了一种概念：好！我负

责生，您负责养。这种传统观念造成了生育的权利和义务的错位。

怎么办？

给子女的建议：

◎ 权责分明

父母把子女养大成人已经完成了应尽的义务，他们完全没有义务再给子女看孩子。如果子女请求父母帮忙带孩子，那么父母帮忙是情分，不帮也是本分。如果子女因为父母没有帮自己带孩子而怀恨在心，不仅不尽赡养老人的义务，还和父母不再走动，甚至断绝往来，这种做法是不道德的。

◎ 谋定而后动

在要不要二胎的问题上，不要把“宝”都押在老人身上。就算老人同意帮忙带孩子，这时的老人年龄也大了，身体出现突发状况的可能性很大。与其把老人累病，子女既要照顾老的，又要照顾小的，分身无术，不如还老人一个清净。在子女无暇照顾父母的时候，父母可以自得其乐，也是为子女减轻负担。自己有没有能力、精力、财力要两个孩子，事先一定要想清楚，不要头脑一热就生，也不要看别人家生自己也跟着生。每家的情况都不一样，这种事不要跟风，冲动之下做出的决定也是要负责任的。

◎ 多方考虑

尽量不要让身体不好、疾病缠身的老人带孩子，一来对老人不负责任，二来也对孩子的发展不利。小孩子的模仿性很强，如果稍不注意的话，很快就会看到孩子也成了一个病病歪歪、萎靡不振的“小老头儿”或“小老太太”。

给老人的建议：

◎ 不强迫

作为老人不要强迫孩子们生二胎。生不生一定是孩子们自己的意愿，这样即便今后因为各种原因不能帮忙带孙子，孩子们也不会怪罪老人，因为这是他们自己的选择。

◎ 不隐瞒

力不从心、体力不支时一定要和子女说，不要不好意思，挺着挺着，最后容易酿成大麻烦。

“我的儿子为什么非要给你带不可”

芳芳是个安徽姑娘，她说她最气愤的是自己生了儿子却没有带孩子的权利。

芳芳的孩子2岁了，丈夫在她还怀孕的时候就不断地给她做工作，说他妈妈已经等了很久，就等着抱大孙子呢，如果孩子不给她带，她的后半生就没有任何事情可以做。把孩子给婆婆带，就是对婆婆最大的孝顺。

孩子没出生的时候，芳芳倒还觉得没什么，可真等到自己千辛万苦地把孩子生出来以后，她的母爱便油然而生，就想时时刻刻都和孩子在一起，寸步不离。可婆婆每次都把孩子揽在身边不给她抱，只有孩子要喝奶的时候，才把孩子抱过来让她喂，然后自己站在一边看着，只要孩子一吐奶头，她就立刻把孩子抱走。芳芳觉得自己简直就是个生娃、喂奶的机器。

后来，孩子1岁多，可以断奶了，婆婆毅然决定把孩子带回老家去。芳芳不乐意，她不工作，完全有时间、有精力自己带孩子，为什么一定要给婆婆带？婆婆义正词严地说：“孙子姓李，是我们老李家的人，当然该由我来带。”芳芳刚要反驳，老公便软磨硬泡地说：“你就满足我妈这个愿望吧，只要你同意把这个‘小玩意儿’给我妈带走，给她解闷儿，我什么条件都答应你，你想要什么都行。”

芳芳无奈，只好同意。之后的日子因为思念孩子，芳芳每天以泪洗面，她想不明白，自己的儿子为什么非要给婆婆带不可。

母亲才是孩子的第一监护人

“孙子是我们家的人，必须给奶奶带”，这是传统的夫权思想，是对女性人格的严重践踏，也是对孩子的不负责任。毕竟，孩子和母亲依恋关系的好坏，决定了孩子一生的人际关系。人在生命的早期是最无助的，他所需要的快乐和满足都和抚养人息息相关。如果他一哭，就有人抱他，给他奶喝，而这个人恰是他熟悉的、给他生命和乳汁的妈妈，他就会有安全感，会相信这个世界。而孩子在最初的一两年里离开了最熟悉的妈妈，即便那个主要监护人是奶奶，孩子的安全感也会受到或多或少的破坏，因为只有妈妈是和他有最近的血缘关系的那个人。

母亲自己带大的孩子，因为依恋关系发展得好，所以安全感好，大胆、自信、敢于克服困难，长大后人际交往的能力也强。等孩子大了，出现了这样或那样毛病的时候，管教起来也会有一定的威信，孩子也会信服。但如果孩子从小不是母亲自己带的，并且还是那种生出来就被带走，一年也见不到自己亲生父母一面，对他们来说，相对安全感会差，胆小、敏感。因为孩子多多少少会有一种被自己亲生父母遗弃的感觉，长大后不仅和父母不亲，而且孩子一旦不听话，出现行为偏差等问题，父母再出来管教时，孩子能听从并服从管教的可能性很小。一个孩子对抚养人的依恋，奠定了抚养人对孩子管教的心理资本，那个在心理上让孩子依恋的人才对他有控制力。

怎么办？

给子女的建议：

◎ 保护身为母亲的权利

母亲是孩子的第一监护人，哺育孩子是每一个母亲应尽的义务也是应有的权利，不应被他人剥夺。

◎ 站在孩子成长的角度考虑问题

孩子是人，不是哄老人开心的玩物。父母把他当人，就要从他的成长角度来考虑问题。

◎ 多与孩子互动

人们现在提倡孩子在0～1岁的时候，应该由母亲自己带孩子，2～3岁时即使母亲要去上班，白天不能在身边，晚上最好也能看见孩子，和孩子做一些亲子互动，这样对孩子的成长才是有利的。在母亲有时间与能力带孩子的情况下剥夺其养育的权利，是不合理的也是不人道的，更是对孩子生长不利的。

给老人的建议：

◎ “我一定要带孙子”这种意识需要改变

孩子第一选择应该由他父母带，如果忙不过来，老人可以去帮忙，但不能把孙子的监护权牢牢攥在自己手里。

◎ 给自己创造空间

为什么很多老人退休后就这么眼巴巴地等着抱孙子呢？很重要的一点就是这一辈人没有什么兴趣爱好，退休之后如果不带娃，马上就会陷入无所事事的状态。而且在中国，老人带孙子的现象极为普遍，别人有孙子带，自己没有，好像缺失了什么。其实，丰富多彩的晚年生活才是老人可以掌控的，如果子女不需要帮忙带孩子，老人也要理解，毕竟孩子是他们的，人家有这个权利。老人也不必烦闷，可以去旅游、社交，上老年大学，做义工，还有很多事情可以做。

“我是产后抑郁，不是太‘作’、太娇气”

蓝娟的婆婆来家里快一个月了。

一个月前听说儿媳要生了，蓝娟婆婆满心欢喜，兴致勃勃地赶来照顾蓝娟坐月子，但这一个月家里发生了太多她意想不到的事情。

蓝娟生下孩子后一点儿也不高兴，每次喂完奶，放下孩子就睡觉。婆婆一直很纳闷，后来一问才知道，原来儿媳根本不想生孩子，一方面怕耽误工作，另一方面怕自己生完孩子后身材走形。是因自己不停地催促，儿媳才不得已生了孩子。

婆婆给蓝娟做的月子餐，蓝娟也不爱吃，说没咸淡味儿。婆婆心想：这真不是我手艺不行，实在是看了很多科学坐月子的书，上面说坐月子就是要吃清淡的，这样对身体才有利，还能保证奶水充足。可是蓝娟看着就没胃口，吃两口就不吃了。婆婆看着着急，这样没有奶水怎么喂孩子呀？这天婆婆忍不住说了蓝娟两句。

“奶水，奶水，您一天到晚就想着奶水，就是为了您的大孙子，您也不问问我心里的感受。”蓝娟的一句话撅得婆婆半天没捯过气儿来。

晚上蓝娟老公一回家，她不是哭就是闹。开始，老公还哄她，后来老公一烦也不哄了，再后来干脆说在公司加班不回来了。

这下坏了，蓝娟认为老公在外面有了外遇，更是一天哭三遍。心情不好，导致奶水也没有了。婆婆这个急呀，只好给孙子喂配方奶粉。后来，婆婆听别人说，蓝娟这是得了产后抑郁症。

婆婆怎么也想不通：不就是生个孩子、坐个月子吗？怎么这么多事？以前哪个女人不经历这些事，也没见这么闹的呀？什么产后抑郁症，就是有事没事地“作”，恨不得全世界的人都得围着她转，供着她。她都是当妈的人了，一点儿当妈的样儿都没有。现在的女孩子实在是太娇气，条件这么好，还不惜福。婆婆越想越生气，心想：我再熬几天，等出了满月我就回家，你就自己“作”去吧。

没想到老公的避而不见、婆婆的消极怠工让蓝娟的情绪更加恶化。有一天，她和婆婆大吵了一架，并威胁说要抱着刚出生的宝宝一起跳楼，这下可把婆婆吓坏了，好好的坐月子怎么还闹出人命来了？！

月子——家庭关系的转折点

家里添了一个新生命，这个新生命的到来也让家庭结构发生了变化。双方本不太熟悉的父母会因为小生命的降临而聚到一起，于是这个家庭会发生很多意想不到的事情，而其中一些事情会让月子里的女人很难过。

怎么办？

给子女的建议：

◎ 对妻子而言

1.产褥期会有情绪波动，这是正常的。当产妇意识到这是生理变化造成的情绪波动时，反而会更加坦然地面对。

2.无论是孩子还是产妇，碰到任何医学上的问题应寻求专业医生的帮助，多咨询。不要自己瞎想，自己吓唬自己，为没有发生的事情做不必要的担忧。

3.凡事往好处想，相信好的信念会导致好的结果。月子里多听有趣、开心的广播和音频，把自己的注意力和情绪向积极、愉悦的方面引导。

4.调整自己不合理的观念和期待，不要认为人人都要时刻为自己服务。虽然自己处在一个特殊时期，但所有人都已经在尽力照顾自己了。其实大家都很累、都不容易，他们也是第一次当爸爸、当奶奶、当姥姥。

5.对自己说，孩子是自己的，不是其他人的。我是在为自己生孩子，他就是我生命的延续。从今天起，我就从一个女孩蜕变成一个母亲，在这世上有了一个和自己息息相关的新生命需要牵挂和呵护，他会带来无限的乐趣。

6.好的身体从自律的月子开始。感恩老人的付出和照顾。月子餐不好吃，不是别人做得不好，只是这种少盐少油的月子餐才是对产妇身体最好的照顾。

7.一地鸡毛时，原谅丈夫一时的疏忽。他或许也会感到不知所措，或许也会有情绪，也在适应中。不要认为他就理所应当地都能承受，多给他一些时间和包容，他会慢慢适应的。

◎ 对丈夫而言

1.学会关心和体贴。或许妻子在月子里“作天作地”，但这是特殊时期，她所经历的痛和苦是无法想象的，所以要给予妻子特别的关心和体贴。

2.担起父亲的责任。从孩子出生这天起，丈夫便从一个男孩蜕变成一个父亲了，对很多事情要负起责任。其实不是一定要丈夫喂奶、抱孩子，但妻子委屈的时候要在旁边，丈夫的一句安慰胜过一切；老人委屈的时候，丈夫要去安抚，老人是来帮小两口儿的，没有他们，小两口儿连一个完整的觉都睡不了。不要传话，不要逃避，不要抱怨，用“甜言蜜语”去融化他们。相信自己有能力把原本鸡飞狗跳的特殊时期变得其乐融融。

给老人的建议：

◎ 不拿自己与孩子作比较

现在的生活条件好了，孩子们没有老一代人之前那么能吃苦了，这是一个事实。对于“80后”“90后”这些在蜜罐里泡大的孩子来说，生孩子可能是她们一生中最痛的一件事，坐月子可能是她们一生中最难熬的一段时光。不要拿老辈人的承受力和她们比，要理解此时孩子的不舒服。

◎ 理解儿媳的情绪波动

一个女人一生中有三次情绪波动的时期，一个是青春期，一个是产褥期（月子期），一个是更年期。这三个时期女性在生理上都会因为雌性激素的升降而导致内分泌紊乱，从而产生情绪波动。坐月子时，儿媳本就要面对生活和身体上的变化，如果再加上性格比较内向，心理边界比较窄，也就是俗话说的小心眼儿、爱钻牛角尖以及一些社会性因素叠加，比如强迫性生育，丈夫的不负责任、不关心，婆媳矛盾等就很可能会引发产后抑郁。据不完全统计，产褥期内（月子里）70%的产妇会有或轻或重的产后抑郁倾向。之前生活条件差，科学不发达，人们可能没有意识到产妇在月子里的心理问题，但这并不意味着这种现象不存在。作为老人要理性认识这个问题，给产妇充分的理解和关怀。

◎ 设身处地为她考虑

也许老人此刻没有经历产后抑郁，无法感同身受地理解产妇此时的痛苦，但老人可以选择善良地对待。

孩子一出生，奶奶和姥姥就“杠”上了

小宇生了三个孩子，第二胎是一对双胞胎。即使加上保姆帮忙，一家人也是忙得团团转，再加上小宇还是一个事业心很重的女孩子，要经常外出工作，所以婆婆和妈妈就要轮流来帮忙。婆婆上白班，妈妈上晚班，交接的时段便是晚餐，一大家子八口人围坐在一张大餐桌上吃饭，倒也其乐融融。

婆婆退休前是一名注册会计师，做事一板一眼，非常有条理，就连衣柜里的衣架挂钩都是朝着一个方向的，衣服也是依照颜色的渐变顺序由浅到深来摆放。每当婆婆当班时，家里总是一尘不染、井然有序。

妈妈退休前是一名幼儿园老师，性格活泼开朗、大大咧咧，做事却毛手毛脚、丢三落四。每次婆婆来上早班时，总发现孩子的衣服扔得到处都是，冰箱里也是乱七八糟的，嘴上不说，心里却有一百个不满意。

最让婆婆头疼的是，上午她刚给孩子们立好的规矩，养成的好习惯，晚上孩子姥姥一来，不督促、不监管、不执行，一夜工夫全部归零。奶奶的规则教育永远从零开始。奶奶有时心想：这么大一个人了，自己整天丢三落四、毛手毛脚的不说，还把我孙子带出一身的坏毛病，真是让人头疼。直到有一天家里发生一件事才彻底改变了奶奶的态度。

一天下午，三个孩子在屋里扔东西，敲得地板当当地响。奶奶生怕楼下邻居找上来，几次和孩子们说，孩子们都不听。奶奶烦得不行，跑过去大声呵斥道："不许再扔了，听到没有？！"奶奶生气的模样吓到了两个小孩子，两个1岁多的双胞胎"哇"的一下哭了起来，叠加的哭声震耳欲聋，而快3岁的老大正处在叛逆期，你不让我扔，我偏要扔，扔得比之前还欢，声音还大，奶奶气得真想上前揍他们。

就在这时姥姥过来了。她向奶奶使了一个眼色，让她暂时先离开，然后对三个孩子说："孩子们，姥姥和你们玩一个扔球的游戏好不好？我们看谁扔得远。不过，扔之前，我们要找一个大毯子铺在地上，这样就不会吵到楼下的邻居，谁愿意帮姥姥来铺？"话音刚落，老大就跑过来响应，两个小的也擦擦眼泪，扭搭扭搭地随着哥哥走了过来。不一会儿，在厨房里做饭的奶奶就听到里屋拉毯子的干活儿声和得到姥姥表扬后孩子们不时发出的欢笑声。奶奶从厨房房门的缝隙中偷偷向外张望，发现孩子们依旧在扔球，好像还在比赛，姥姥在一旁当裁判，但是这次没有噪声了，只剩下欢愉。奶奶不得不佩服，姥姥真有两下子，这真是瞬间化干戈为玉帛呀！

孩子们和姥姥在一起的时候总是那么开心，那么听话，看来，不靠谱的姥姥也是有很多过人之处的，就看你注重哪方面了。

后来奶奶总是当着孩子们的面夸姥姥有情趣、教育有方，姥姥听着心里美滋滋的。她也总教育孩子要像奶奶那样做事有条理，玩具玩儿完了要放回原处，东西用完要洗干净。有时姥姥说着说着心里也在偷偷乐，因为她发现自己也在不知不觉中和孩子们一起学到了奶奶做事的章法。

两位亲家相处得越来越融洽，三个孩子也越来越快乐、越懂事。

接纳不同，优势互补，就是教育资源的最佳配置

如果一个家里奶奶、姥姥同时带孩子，那竞争就在所难免。但在现实生活中，人们对别人的评价不太容易做到客观，往往会以自己的优势作为评判标准。

比如，有的人很上进，他们看人的标准就是上进还是不上进，上进是好的，不上进就是不好。有的人很严谨，他们看人的标准就是仔细不仔细，仔细就是好的，不仔细就是不好的。有的人很风趣，他们看人的标准就是有意思没意思，这人有意思就是好的，木讷、没意思就是不好的。有的人很包容，他们看人的标准就是厚道不厚道，厚道是好的，刻薄就是不好的。但是人们往往忽略了一点，就是一个人在拥有一种性格优势的同时还会自带这种性格的劣势，而人们本能地会拿自身性格的优势和对方性格的劣势做比较。

怎么办？

给子女的建议：

◎ 接纳差异，包容与肯定

在很多家庭里，都是奶奶和姥姥轮流带孩子的。来自不同家庭的两个老人难免在文化程度、家庭背景、性格以及生活习惯上有很大的不同。在带孩子的方

式、方法上也会因差异而产生冲突，谁都认为自己的习惯方式是对的。因此，做儿女的要更加冷静客观地看待两家老人的差异，不要比较，而是肯定并吸取他们各自的好。对于处于弱势的一方，子女更要给予鼓励，老人只有被肯定、被需要，他们才愿意来帮忙。否则这么大年纪，为什么要跑来被子女数落。

给老人的建议：

◎ 看到亲家的优势

如果老人都能像案例中小宇的婆婆那样看到对方性格的优势部分，再给予肯定并充分利用，让奶奶和姥姥都发挥其擅长之处来教导孩子。那么，不仅可以和性格迥异的亲家搞好关系，而且带出来的孩子也会更多元、更全面。

◎ 不比较、不竞争

亲家不是用来竞争、比较的。恶性竞争的结果只会两败俱伤，还会殃及子女的夫妻关系以及对孙辈的教育。就如在案例中，如果亲家彼此之间能够互补，那么孩子既可以学到奶奶身上有条理、整洁的优点，也会传承姥姥身上的生活情趣和灵活变通的能力。如果两个亲家之间因为性格的不同，而在孩子面前相互指责对方的不是，那么孩子也会传承她们的缺点。因为大人越刻意强化的那些缺点、毛病，孩子们潜意识里就越会去复制。与其这样，家长们为什么不去强化性格中好的一面呢？况且，优势互补下教育出来的孩子也会更加包容。

谁是家里的女主人

小菲从18岁就离开家去外地上大学了，大学毕业后又在北京找到了工作。直到她结婚、生子，这十几年她都没有和父母生活在一起。

30岁的她第一次怀孕，心中充满了忐忑，眼看快要生产了，就打电话问妈妈，能不能来北京照顾自己坐月子。小菲妈妈在异乡也一直思念着自己的女儿，觉得照顾女儿生产是自己义不容辞的事情，便兴冲冲地从老家赶到了北京。

小菲妈妈觉得女儿的家就应该是自己的家，她一点儿也不把自己当外人。下了火车一进家门，她不顾旅途劳累，换上家居服就开始打扫卫生。该洗的洗，该扔的扔，不一会儿，整个家就“旧貌换新颜”了。看着被自己收拾得窗明几净的女儿家，小菲妈妈心中好不得意。

晚上小菲的丈夫回来，看到焕然一新的家，并没有露出丈母娘期待的感激的笑容，而是埋头在书房里找着自己的东西。小菲妈妈赶紧过去告诉女婿，摊在桌面上的那些资料她已经整齐地码放在书架上了。小菲的丈夫没吭声，脸却沉了下来。

这边，小菲喊着：“妈，您把我的衣服都收哪儿去了？”

“我都叠好放在柜子里了。”

“谁让您放的，我放床头就是为了随时可以换，您赶紧给我找出来吧！”

“这床头放一大堆东西多乱呀，还怎么睡觉啊！”

“怎么不能睡呀，我每天都这么睡，睡得好着呢！”

“你这样的生活习惯不好，得改过来。”

“妈，我已经30岁了，不是13岁！这是我的家，这个家的女主人是我！”

小菲妈妈听了这句话一下愣在了那里，眼泪哗地掉了下来。在这个家她不再是女主人了，她居然是来帮忙的客人，她已经没有做主的权利了。女儿的一句话让她满腔的热血瞬间化成无尽的委屈，她真想一走了之，可刚走到门口又停住了脚步，想想觉得算了，忍过这几个月再说吧。

理性正视关系的变化，才能保证一段新关系的良好开始

关系是会变化的，这是一个不争的事实。

很多子女自从上大学后，就离开家乡，独自生活了。在这些年中他们已经形成了自己独有的生活方式和生活习惯，甚至有的已经组建了自己的小家庭。但是，很多父母再次和孩子生活在一个屋檐下的时候，并没有意识到相互之间已经有许多年没有生活在一起。孩子已经长大了。他们本能地跨越时空，忽略掉了这些年的存在，就像断片儿一样觉得眼前的这个孩子就是多年前那个什么都听自己的孩子，自己也依旧是那个可以掌控一切的家长。

怎么办？

给子女的建议：

◎ 让父母放心

委婉地告诉父母自己已经长大成人，可以对自己的生活负责了。让父母看到自己有各方面可以独当一面的能力，这样他们才会放心，相信自己的孩子。而不是一边大声嚷嚷不要父母管，一边又把事情做得乱七八糟。

◎ 建立边界

在父母“进驻”自己家里的时候，不妨开个家庭会议，明确地告诉父母需要他们做什么，不需要他们做什么。这样做看上去公事公办，有点儿不近人情，其实是在建立边界，为以后两代人相处省去很多麻烦。在说这件事的时候，语气一定要委婉，用父母可以接受的方式，因为子女表达的目的不是为了闹情绪、“怼”父母，而是为了让他们接受建议。

◎ 给彼此时间和空间

给父母留出一段适应的时间，他们可能因为不理解或者之前没有思想准备，一开始不太能够接受，或者嘴上说接受，实际做起来还是忍不住管东管西。没关系，慢慢来，只要总体在进步就好。建立边界是为了让双方相处得更舒服。要注意是双方，不要只图自己舒服而让老人难受。

◎ “权责分明”

作为家庭的主人，儿女不仅有行使主权的权利，同时也有照顾客人的义务，不能主意都要儿女拿，权利都是儿女掌控，活儿却都是老人干。轮到尽义务、负责任的时候，自己又像一个没有断奶的孩子，无法做到权利和义务对等。

◎ 关照老人的生活和感受

女儿可以把留给闺密的时间挤出一点儿给母亲，因为母亲也是曾经的“女孩”，也喜欢逛街、看电影、听音乐，不要因为她是母亲，就只剩下“后盾”这个角色。所有的难都要你和母亲一起扛，所有的乐都是你和别人一起享，还告诉母亲这叫“边界”。这样的“边界”谁都不想要。

给老人的建议：

◎ 适应当“配角”

要承认工作并且成家以后的孩子已经长大成人、不再是孩子这个事实，要明白他（她）是家里的主人，父母是客人，父母是来帮忙的，很多事情要征求孩子的意见。很多母亲面对这一事实时转不过弯儿来，从心底里也不愿接受这个事实，依旧习惯把儿女当成多年前那个听话的孩子，把孩子的家当成自己的家，自己依旧是那个处处可以做主、说话可以算话的一家之主。在这个新的家庭里，格局发生了变化，老人要迅速适应。

◎ 分清边界

当老人做了很多事，结果却吃力不讨好，反倒被儿女嫌的时候，除了伤心、气愤，老人不妨冷静思考一下：与其这样，不如看清事情的本质，理性面对关系的变化，找准各自的位置，在边界范围内做事。即使收拾房间，也只是收拾公共区域就好，像书房、卧室这些比较私人化的区域留给他们自己收拾，这样既让他们对自己的事情负一些责任，同时带给双方的冲突和伤害也都相对小一点儿。

◎ 理性面对亲子关系

不必和孩子太较真儿，特别是月子里，孕期和产褥期的女人因为激素的升降会导致情绪不太稳定，对自己的妈妈有时会口不择言、乱发脾气，但心里是爱妈妈的。等孩子情绪好了，告诉孩子那样和妈妈说话，妈妈会伤心，懂事的孩子自然会明白，下次会改。

“遇见你，我一无是处”

小文生了一个女儿，从她怀孕、生产、坐月子到现在孩子1岁了，她都没有让妈妈来帮过忙，全是自己和月嫂、育儿嫂一起把孩子带大的。

周围的人，包括小文的老公都很不理解：一个北京女孩子，家里的独生女，妈妈年轻又身体不错，住同一个城市，为什么就不让妈妈来帮忙呢？小文对外人只是说“我自己可以”，直到有一天遇到了闺密，她才说出自己内心真正的想法。

“从小在我妈眼里，我浑身都是缺点，一无是处。她每天看见我就说我，不停地说我，从头说到脚。说我有多笨，别人能考100分，我才考95分；说我有多胖，穿衣服一点样儿都没有；说我有多馋，在家里就是一只硕鼠；说我有多懒，什么活都不干。还说我这样的女孩怎么嫁得出去？就算嫁出去了，我的日子也过不好。我不知道她为什么总是这么打压我，她还总说是为我好，为了让我进步，可是她的好心我一点儿也感受不到。我伤心的时候，她从不安慰我，说都是因为我的不好才导致这些问题的发生……”小文滔滔不绝地说着，因为情绪激动，她显得有些急躁，闺密忙递过去一杯水。她抿了一口，接着说："我很想离开她，因为我不和我妈在一起的时候，我觉得我还挺好的，无论工作、生活还是家庭。只要和她在一起，别人看不见的缺点、毛病，她都能看见。"

"那就少见。"闺密建议着。

"不行啊，我不见她，她更闹，说我连起码的孝顺都没有。我觉得亲人间也应该是因为爱和愉悦才在一起的，而不是完全被道德绑架在一起的。所以这种不愿见又不得不见的局面也维持了好几年了。我妈一直以为我会求她给我带孩子，但我每次想到这种见面都是一场无休止的、相互耗能的纠缠时，我就决定再难也要自己带孩子。我宁愿自己苦点儿、累点儿、多花点儿钱，也绝不把孩子给我妈带。我真的害怕一旦我的孩子让她带，她也天天这么数落我的孩子，她会说'瞧你生的孩子都比别人家的笨'，那我的孩子该怎么办？我被她耽误了，也就算了，我绝不能再让她来耽误我的孩子！"小文坚定地说。

不是所有老人都适合带孩子

人们会认为，做父母、做祖父母是生了孩子就顺理成章、不学自通的事。而事实上，真不是所有的人都适合做父母，也不是所有的祖父母都适合带孩子。

大多数人都知道，年龄大的、身体不好的老人不适合带孩子，但没有意识到心态不好的、负面情绪多的老人更不适合带孩子。

这样的人自身能量很低，在和人交往的过程中，会用打压的方式拉低或吸走别人的能量，让人莫名其妙地觉得自己很不好。真正的原因是他们自身内心自卑，又极度喜欢比较，但在比较中总处于下风，于是形成了一种“反向型防御机制”，把自己的虚弱投射到别人身上，就变成周围的人都有问题，尤其是身边最亲的家人。

怎么办？

给子女的建议：

◎ 创造反思的机会

面对这样的家人，尤其是长辈，可以用暂时分离的方法让对方意识到自身的问题，意识到人和人之间哪怕是家人也是因为情感和愉悦才在一起的。

◎ 做原生家庭问题的终结者

抱怨、吐槽甚至远离只能带给人们一时的快感和清净，却会给我们带来长久的痛苦，甚至会让人们成为原生家庭问题的传承者。只有从内心真正地接纳、有意识地改变才能做到与自己、与父母的和解，从而也完成自身的成长和蜕变。

给老人的建议：

◎ 如果总是不开心，就暂时不要带孩子

因为孩子的模仿力特别强，满身负能量的老人带出来的孩子也看不到什么美好，会有特别多的怨气。一个孩子性格的养成和他的教养环境有着密不可分的关系。

◎ 总被比较、打压的孩子会没有自信

孩子最初的自信来源于0～3岁主要监护人的认可。一般说来，主要监护人是妈妈，但如果妈妈在外地打工，或者工作很忙陪孩子的时间很少，孩子主要由奶奶、姥姥带的话，那么这个主要监护人就是奶奶或姥姥。孩子小，本来能量就低，本领也没有那么大，做不好是正常的。鼓励的作用是激发孩子的能量，让他觉得自己可以去尝试着克服困难，一旦成功，能量就会提升，自信也会提升。但如果老人用成年人的优势去藐视孩子、打压孩子，孩子的自信有可能真的就这样被摧毁了，这是一件非常可怕的事。因此，负能量大的老人不适合带孩子。

“妈，您怎么可以这样惯孩子”

英子的妈妈退休前是一位小学老师，人前人后有一堆学生、家长簇拥着，好不热闹。退休后英子妈妈不再去学校了，也没有学生和家长找了，她突然觉得落寞了许多。

英子妈妈退休后没几个月，英子就怀孕了，这下英子妈妈可有事情做了：她买来了很多孕产图书，陪着女儿去产检；照着书、翻着花样地给女儿做好吃的。很快，英子顺利产下了一个男婴，这下英子妈妈更是一刻不停地忙了起来。

转眼孩子2岁了，进入了第一叛逆期，也就是人们常说的“可怕的2岁”，（自我意识萌芽期，这个时期的孩子，凡事都要自己做，你问他什么，他都回答“不”，以此来表达他的独立。）所以这个年龄段的孩子很多时候变得不听话了，特别淘气。可是每当英子要给儿子立规矩的时候，都被妈妈挡着。久而久之，儿子也学聪明了，只要妈妈一要教训自己，儿子就大喊：“姥姥，妈妈打我！”英子妈妈闻讯立马赶来护住外孙，让英子的教育一次次以失败告终。有一次，竟然把英子气得躲在房间里哭了起来。

英子百思不得其解，妈妈是一位老师，小时候对自己要求很严，从不溺爱，为什么老了老了全变了，变得这么护短了呢?

有一天，英子下班早，回到家打开门，看到卫生间的门虚掩着，祖孙俩正一边洗澡一边聊天。她便好奇地躲在门后偷听他们到底在聊什么。

“小宝，你说家里爸爸、妈妈、姥姥，你最喜欢谁呀？”

“当然是姥姥了，我最喜欢姥姥了。”小宝说着还在英子妈妈脸上亲了一口。

“为什么呀？”英子妈妈乘胜追击。

“因为姥姥对我好呀！”

“姥姥怎么对你好了？”

“妈妈不让我吃糖，姥姥给我吃；妈妈不给我吃冰激凌，姥姥也给我吃；妈妈还老打我，姥姥从来不打我。”

“嗯，乖孩子，姥姥真没白疼你！”

英子越听越气，原来妈妈都是这么讨好孩子的，她推门进去冲着妈妈嚷嚷：“妈，您怎么能这么宠孩子呢！您这是在害他呀！”

英子妈妈被这突如其来的指责吓了一跳，有点儿不可思议，讪讪地说：“我就是想让小宝和我好，我老了，什么都没有了，也没人需要我了，就剩这么一个‘小东西’需要我，我当然要对他好。”

“您这都是些什么逻辑，真是莫名其妙！”英子一脸愤怒地站在那里。

老人溺爱孩子有因也有解

老人溺爱孩子的原因很多。首先，当上祖父母的老人一般都已经年过半百，经历过了人世间的很多沧桑，到了这个年纪，很多事情都已经看开了，人也变得平和了许多，对待孩子也更多了一份耐心，老人的心态有时更接近孩子的本性。其次，很多老人年轻时因为工作忙，自己的孩子没怎么带过，现在有时间了，很想在孙辈身上弥补之前对子女的亏欠，把自己对子女的爱加倍地投射到第三代身上，于是便对孙辈格外的宠爱。最后，孩子最知道谁对他“好”，谁对他“不好”，当孩子发现姥姥对他好时，他也会表现出对姥姥无限的依恋和心疼，这种情感的互动让老人万分感动，更加激发了他们对孙辈的疼爱。

除此之外，还有一条老人溺爱孩子的心理根源，就是寻找自身的价值感和存在感。

以前家里有好几个孩子，孩子与孩子之间是会争宠的，看看谁能得到父母更多的爱。现在这种情况正好颠倒过来了，是大人们在小孩子面前争宠。现在家里大多都是一个孩子，一对父母，四个老人，一共六个大人管一个孩子。大家争着向孩子表达爱，唯恐被其他人压过，有时竞争场面异常激烈。父母要工作，没有太多时间陪伴孩子，再加上对孩子有管教的责任，自己又年轻气盛，常常没有耐心，这就让祖父母在这场较量中屡屡获胜。

或许，人们不能理解英子为什么会被姥姥气哭？其实仔细分析起来也不足为怪。人老了，社会功能感丧失越来越重，觉得自己在社会上没有了作用，没有了价值，在家庭中话语权也越来越少，没有多少事情是自己可以说了算的。这时，他们发现年幼的孩子需要他们，孩子依恋他们，只要对孩子好、满足孩子，孩子就跟他们好，甚至要好于亲生父母。于是他们像发现了新大陆一样的兴奋，死死地抓住了这根“救命稻草”。他们愿意为孩子付出一切，只为了换回孩子对他们的好、对他们的认同、对他们的需要，这样，他们的价值感、存在感就能够得以重生。

怎么办？

给子女的建议：

◎ 理解老人的心境

多数老人晚年心里最大的悲哀就是不再被人需要，落寞之余他们在以各种方式寻找着存在感。有一句话说得好："谁没年轻过，你老过吗？"年老后的落寞、不被需要的丧失感一直笼罩着老人，而带孩子这件事是让他们可以持续地获取价值感的一件事，所以老人会很用心地去做，他们要向世人证明：我很重要，我依旧有价值，起码对这个家庭重要，有价值。对于这点年轻人要理解。

◎ 学会孝顺老人

不要让孩子成为老人发泄和寄托情感的唯一渠道，这样对孩子和老人都不公平。

生活中，很多年轻人都想孝敬老人，但有时不知如何表达，或羞于表达，这就让两代人的沟通出现了一些障碍。

孝顺也是分为不同层面的，低层次的孝顺是给钱，这种表达简单又方便。其实，现在很多老人都有退休金，他们对物质的需求也越来越少，并不需要儿女在物质上有太多的帮助，所以这并不能满足老人。

中层次的孝顺是陪伴。一个人对另一个人好不好最直接的判断方式是看他能给那个人多少时间。或许子女平时忙得连陪孩子的时间都没有，哪还有时间陪爸妈，但抱着孩子一起和爸妈坐一会儿，聊聊天还是可以做到的。如果可以，也给父母一些时间，与他们一起度过一段独一无二的相处时光，听他们讲讲过去的事情，听他们提提当年的"勇"、当年的风光。这种陪伴，哪怕一次，就可以让老人享用很长时间。

高层次的孝顺就是引领。教会老人使用高科技的生活方式，比如，如何用微信、如何网购、如何滴滴打车、如何叫外卖，把你的生活方式教给老人，让他们的生活融入到新的时代中。周末和节假日，不光是给老人“放假”让他们在家里休息不用看孩子，还应该把他们带出来看看外面的世界，同时鼓励他们建立自己的社交圈，多参加一些社区活动。这样即使有一天他们不带孩子了，生活的精彩还可以继续，不会一下子无所事事、寂寞难耐。

当老人的精力、情感有所分散时，他们就不会再把所有情感的寄托都放在孙辈身上了，对孙辈的爱和教育也会相对理性和客观。

◎ 不要把老人对孩子所有的疼爱都理解为溺爱

来自于祖辈偶尔的溺爱，比如喂饭也并非都是洪水猛兽，有时对孩子而言也是一种童年时代美好的体验。只要妈妈没有放弃孩子主要照顾者的角色，没有彻底“退场”，就不必太担心老人溺爱的问题。因为相比起来，孩子更愿意亲近自己的妈妈，一是血缘更近，二是妈妈更年轻漂亮、更有活力，所以孩子会更信服于她，并且从内心认同妈妈的生活方式。这是一种先天的身心连接——优先认同。母亲是有这种天然优势的，只要方法用得对，不是只要一出现就是指责孩子，这些都是自然生就的。因此，年轻父母没有必要把精力全放在指责老人身上，只要自己和孩子在一起的时候有原则、有底线，很快孩子就会知道什么能做，什么不能做。不要一看到孩子做得不对，就一句“溺爱”把锅全甩给老人。

给老人的建议：

◎ 坚持育儿原则

老人对孙辈的爱在大方向上要和子女保持一致，不要为了争夺孙辈的爱做出一些丧失原则的事情，这会让子女看轻自己。

◎ 理性对待阶段性角色

活到任何时候最重要的都是爱自己，带孩子只是现阶段的一个任务，孩子上幼儿园、上小学了，老人依旧要回到自己的生活中去，所以真正的存在感是要把自己的生活过精彩，而不是把所有的情感都寄托给孩子。老了老了，要做到能投入得进去，更能抽离得出来。

“妈是过来人，听妈的话没错”

姗姗5岁的时候，因为父亲在外面有外遇而导致父母离异，姗姗与母亲生活在一起。母亲为了姗姗一直未再婚，母女俩相依为命，直到姗姗结婚。

母亲为了不让姗姗重蹈自己的覆辙，总是不停地在她耳边念叨：“闺女你记住，男人没一个好东西，你一定要看紧他，把他的钱牢牢地攥在你的手里，否则吃苦头的一定是你。”

刚结婚的时候，姗姗小两口儿感情还挺好，直到女儿的出生，情况发生了变化。

姗姗在家当了一年的全职妈妈。带孩子不仅累而且烦，她常常希望老公能早点儿回家帮帮她。可那段时间老公单位工作很忙，常常加班到很晚才能回家。原本老公进家门前是有愧疚感的，觉得老婆自己带孩子不容易，可是每次一回家，姗姗都会不停地盘问：“在哪儿加班？和谁加班？有没有女的？这女的结没结婚？漂不漂亮？”开始老公还一一作答，后来老公被问烦了，就以沉默对抗。姗姗觉得老公心里一定是有鬼才不肯回答，便趁老公不注意时查看他的手机，还翻他的钱包，被老公发现后大吵了几次。

每次吵架的时候，姗姗的妈妈都会在一旁对女婿说："你要没鬼，怕什么呀，我们娘俩儿没白天没黑夜地给你带孩子，你还在外面乱搞，这像话吗？"姗姗妈妈把之前对老公的怨恨一股脑儿地全都宣泄到了女婿身上。

"问题是，妈，我没有乱搞呀！"女婿辩解道。

"那你为什么这么晚回来？"姗姗追问。

"我加班呀！"

"有谁证明你加班，加班费呢？"姗姗边问边偷偷瞟一眼妈妈，妈妈在一旁点着头。

姗姗老公百口莫辩，本来加班就挺累的，回家后不仅遭老婆盘问，还被丈母娘冤枉，突然感到回家真是太没意思了，就连可爱的小女儿也不愿逗了。此后他回家越来越晚，遭受的盘问也越来越多，最后干脆就不回家了。

在孩子1岁半的时候，因为丈夫忍受不了猜忌和不信任，姗姗夫妻正式离婚了。姗姗母女也重新回到了单亲家庭的模式，姗姗妈妈很笃定地说："你看，妈说得没错吧，男人就没一个是好东西。"

不要给子女太多的不良暗示

有的老人因为自己年轻的时候，感情生活遭遇坎坷受过创伤，又没有及时疗愈，没能让自己走出阴霾而变成了一个"怨妇"，她们总是给子女灌输"男人没一个是好东西"这样不良的心理暗示，把某个男人的不好泛化到所有男人身上。久而久之，子女失去了对配偶起码的信任，把本来的没事儿变成有事儿，把小事儿变成大事儿，最后婚姻真的亮起了"红灯"，反倒验证了父母的预言。

怎么办？

给子女的建议：

◎ 要保持清醒的头脑

不要让老人的不良暗示左右了自己对真相的识别和对问题的判断。

◎ 兼听则明

老人的话可以听，但要有选择地听。

给老人的建议：

◎ 不要给儿女不良的心理暗示

人所处的现实会由人的心念吸引而来，人也会被与自己心念一致的现实吸引过去，这种吸引无时无刻不以一种让人难以察觉、无意识的方式进行着。因为心中没有信任，所以怀疑就会不知不觉地找上门。不要像案例中那样，作为母亲，千万不要对女儿说这样的话，自己遇到了那个渣男并不代表所有的男人都渣。不良的心理暗示会影响到孩子对事情的客观判断，进而影响到她的婚姻。孩子婚姻的不幸福绝不是自己想看到的结果，所以一定要给孩子更多正向、积极的心理暗示。

◎ 传承良好的家庭模式

家庭模式是会传承的，如果孩子没有见过良好的相处模式，他就只会传承他见到的不好的相处模式，比如跟踪、盘问，最终结果也会变得一样糟糕。

◎ 相信儿孙自有儿孙福

自身婚姻不幸的父母不要过多地参与到子女的情感、婚姻中去，这类父母的经验很多带有自身的主观色彩，未必是孩子需要的，要相信儿孙自有儿孙福。

“嫁汉嫁汉，穿衣吃饭”，女人就得靠男人养

韩雪从小家境很好，一直过着养尊处优的日子，父亲是一个地方官员，母亲很早就不工作了，在家专心带她。从小，妈妈就灌输她这样的想法：女人干得好，不如嫁得好，找个有钱的好老公，这后半辈子就可以高枕无忧地享清福了。

大学毕业后，韩雪在父亲的帮助下找了一份机关的行政工作，不久便和在国有企业工作的男朋友结了婚，一年后两人生了一个女儿。有了女儿后，韩雪便把工作辞了，像妈妈一样当起了全职太太。

一晃三年过去了，孩子上幼儿园了。韩雪每天在家上上网、看看韩剧、逛逛商场，日子过得倒也逍遥。

随着孩子的长大，报的亲子班、兴趣班越来越多，家里的开销也越来越大。丈夫单位的福利反而是每况愈下，用丈夫那点儿工资养活这么一大家子人，委实有点儿捉襟见肘。丈夫几次暗示韩雪，看看她能不能也去找份工作，却发现妻子没有一点儿想出去工作的愿望，便心生不满：既然你

不愿工作，那么你也别花那么多钱，这些钱都是我辛辛苦苦工作挣来的。于是，丈夫不再把所有的收入都交给韩雪，只给她必要的家用。

一日，韩雪妈妈来家里看她，看见女儿日子过得并不宽裕，就指责女婿为什么不把所有的收入都交给女儿。女婿说："我每个月给她一万还少吗？如果除了日常开销她还要买奢侈品，那可能不够，不过现在孩子也上幼儿园了，她也可以出去工作呀！我又不是做生意的，我只是一个工薪阶层，挣的钱也是有限的。"

韩雪妈妈听了这话火冒三丈："你这是说的什么混账话，我们从小就没让小雪过过苦日子，她想要什么就给她买什么，嫁给你还越过越差了。老话不是说'嫁汉嫁汉，穿衣吃饭'吗？你不能养她，她干吗要嫁给你，给你生孩子？"

"给我生孩子？难道这个孩子不是她的吗？"女婿反驳道。

韩雪妈妈一时语塞，不知如何作答。

女性经济独立是人格独立的前提条件

并不是所有的男人都希望老婆在家做全职太太，对于工薪阶层来说，两个人的收入毕竟要比一个人养家宽裕一些。

另外，对于女性而言，工作不仅能做到经济独立，更重要的是完善了自己的社会化功能。孩子在0～3岁阶段有母亲的陪伴会更有安全感，但随着年龄的增长，孩子更需要一个有格局、有眼界、有思想的母亲，在孩子需要帮助的时候有能力、有方法，真正能帮助孩子上进的优秀的母亲。

时代在进步，女性结婚的目的也早已不是找解决穿衣、吃饭的"饭票"

那么简单了，更多的是在思想、精神上的契合。虽说有些男性更喜欢妻子在家相夫教子，甚至在一些大男子主义者的头脑中依旧有“女子无才便是德”的想法，因为无才的女子更好掌控，对于男性来说更有安全感。但随着社会文明程度的提高，那些自信、有修养的男性会更崇尚和尊重思想上独立自主、生活中独当一面的女性。相反，那些经济上需要完全依附男人的女性，心里反倒没了底气。

怎么办？

给子女的建议：

◎ 做独立女性

首先，关系的一种属性特质是交换，女性能拿什么绝对的优势来换取别人一生的供养？再说当今的女性所需要的也绝不仅仅是供给生活如此简单的物质需求。伸手问别人要，存在风险，别人给不给、给多少、给多久都无法保证，所以与其把宝押在别人身上，不如长出能养活自己的本事。相信能把自己生活过好的女人也能把孩子养得很好！

给老人的建议：

◎ 更新思想

老人不要再用那些传统的、不合时宜的思想来灌输和影响自己的孩子。独立自主，才能让女人永远立于不败之地。

“太爱说话的岳父，我快被你吵死了”

小美的老公是个性格非常内向的程序员，平日里除了工作就喜欢看看书，打打游戏，不怎么爱说话。好在小美性格开朗、活泼，话都让她说了。小两口儿性格互补，相得益彰，相处起来倒也融洽。

结婚不久，小美就怀孕了。快临产时，小美想把自己的爸妈接来照顾，这样既不用太耽误老公的工作，她也可以了却自己多年来对父母的思念，老公对此也没什么意见。

小美父母初来乍到没几天，老公就开始不适应了。他发现这个老丈人特别爱说话，一天到晚说个不停，不光和自己老伴儿说，和自己闺女说，还要和他这个女婿说。上到国家大事，下到小区管理，天南海北什么都聊，而且嗓门特别大，有时候看着看着电视还能自言自语，哈哈大笑起来。自打岳父母来到家里，小美家就一改往日的宁静，活像一部正在上演的电视剧。

开始一周小美老公还能容忍，但时间一长他就开始烦了：“能不能安静一会儿呀！”他几次和老婆说：“能不能让你爸爸小点儿声，我这儿还有工作呢！”

小美也很为难。和父亲说吧，怕他老人家不高兴，也怕他误解自己畏惧老公，在家里没地位，到时弄得翁婿关系不和；不说吧，老公整天阴着个脸，她看着也难受。最后不得已，小美还是委婉地暗示了父亲几次，还好父亲没有太大的反应，立刻放低了音量，那几天话也少了一些。可是过了几天又忘了，依旧“锣鼓喧天”、一片热闹非凡的景象。眼看着因为父亲的大嗓门，老公的脸色越来越难看，小美真是左右为难。

这天，小美把父亲约到他们的房间里，好好地长谈了一次。这次效果非常好，父亲安静多了，也不怎么说话了。可是好景不长，终于有一天父亲向女儿提出要回老家，他说：“如果再不让我说话，我就要憋出毛病了。”

在一起太难受不如选择分开

人和人之间迥然不同的性格，磨合得好是互补，磨合不好就是水火不容。尤其在婆媳和翁婿之间问题更为突出，因为同性之间的排斥性会更强烈一些。

怎么办？

给子女的建议：

◎ 态度委婉，权衡利弊

作为子女，给老人提意见一定要态度委婉。如果老人真的改不了，子女要学会从将就到慢慢习惯。每一种性格有不好的一面，同时也会有好的一面，况且是子女自愿请长辈来帮忙的，子女就要多宽容，要学会权衡利弊。

◎ 双方都不必勉强

不同的性格、生活方式和生活习惯如果实在不能融合在一起，不要太勉强。如果能用钱解决就尽量用钱解决，譬如找个月嫂、育儿嫂替代父母。否则勉强、压抑、隐忍地生活在一起，对双方的危害都更大。

给老人的建议：

◎ 适当克制

作为长辈，住到了儿女家还是要略微克制一些，毕竟不是自己的家，不可以随心所欲地想怎样就怎样。

如果儿女委婉地向老人指出做得不妥的地方，不要本能地抗拒，用自己的辛苦来反驳子女嫌弃的不孝；也不要说“我就这样，我这么大年纪了改不了”，如果问题是客观存在的，或者说在儿女眼里是存在的，老人还是要尽量改正。俗话说，活到老，学到老，做个有素养的人应该是一生的追求。况且，有些不好的生活习惯，可能一直在影响别人，只是自己不知道，如今告诉我们了，正好提醒了自己。

◎ 改正不良习惯

改掉不好的习惯，即便以后不住在儿女家，也能成为一个走到哪里都受欢迎的老人。况且老人的改变儿女们都会看在眼里，欣喜在心里。如果老人只顾着自己的面子，坚持自己的性格特征或行为模式，会让儿女为难，也会影响小辈的夫妻关系。

“老人带出来的孩子没法要”

小青是个资深媒体人，自从生了二宝后，就专门做起了儿童家庭教育工作。这样，一方面，工作时间比较弹性，可以方便自己在家带孩子；另一方面，也可以通过这份工作认识很多教育方面的专家，自己也“近水楼台先得月”。

小青经常会在家里举办一些沙龙，组织大家就育儿问题展开讨论，有时还会做直播将经验分享给她的粉丝们。

一日，小青又邀约了一群刚刚做了奶爸、奶妈的商界精英来家里小聚，她吩咐妈妈出去买些菜，晚上在家里吃火锅招待大家。

热气腾腾的火锅上桌，大家推杯换盏，相谈甚欢。一位妈妈说：“我一直主张孩子得自己带，妈妈带出来的孩子和老人带出来的孩子一眼就能看出来。”

“没错，没错，老人带出来的孩子简直就没法要，一身的臭毛病！我们家儿子就是他姥姥带的，要胆儿没胆儿，论脾气比谁都横。”

“就是！老人带孩子简直就是在毁孩子，他们什么都不懂，一天到晚就知道惯着孩子。”

大家谈兴正浓，却没有一个人注意到在厨房里忙了一下午，到现在一口饭没吃、一直在收拾的小青妈妈，她一边洗着碗，一边默默地听着大家的谈话。

每次家里来人，小青妈妈都很“识相”，从不上桌。久而久之，小青也就习惯了妈妈不上桌，便也不再叫她，任由她自己在厨房里忙活。可是今天，当小青妈妈听到大家原来这么评价老人带出来的孩子时，实在觉得心里太委屈了，不由得用纸巾悄悄擦起了眼泪。听着外面的评论，她甚至觉得自己有点儿像个“罪人”，真不知道一会儿出去怎么面对女儿的这群“精英”朋友们。

请让老人在儿女家“体面”地带孩子

的确，合力养育存在着许多问题。但那不全都是老人的错，有的是社会问题，有的是时代的烙印，有的是父亲的缺席造成的问题，不能一味将错归结于老人身上。

为什么儿女对老人有那么多的不满，其中一点是因为儿女对老人要求太高。儿女心里为老人制定的标准，其实自己也达不到。

儿女希望老人有运动员的体魄，每天能跟着孩子追跑打闹，锻炼孩子的体能，殊不知他们已经年近古稀；儿女希望老人有厨师的厨艺，做出的饭菜不光要营养丰富，还要符合色彩搭配的要求，给孩子以美学的启蒙，殊不知他们出生于物资匮乏的年代，吃饱才是首要任务；儿女希望老人有专家的学问，还要有心理学家的洞察力，教育孩子既要有耐心还要有规则，殊不知在他们那个年代，不要说掌握“儿童心理学”理论，能把高中读完就不错了。因此，对老人提不切实际的要求，其实是自寻烦恼。

怎么办？

给子女的建议：

◎ 心存感激

老人在儿女最难的时候提供了帮助，儿女应该心存感激，而不是满腹牢骚。儿女不能一边享受着老人带来的便利，一边还不停地挑老人的不是。

◎ 保留彼此之间的体面

儿女认为自己的孩子很金贵，不能让他输在童年；而老人也不容易，也不要让他伤在老年。退一步说，即便对合力养育、对自家的老人有诸多不满，也不要当着老人的面说，请给老人保留一点儿自尊，让他们能体面地在孩子家里生活，让他们得到为儿女付出后应得到的尊重和回报，这也是做儿女应有的教养。

给老人的建议：

◎ 学会放手

有的时候，老人也要放手让宝宝自己做事情。2～4岁的孩子最喜欢闹独立，家长不妨给孩子一个机会，大不了就是把事情做糟糕，重来一遍也没有关系。现在带孩子不光要顾及安全、卫生，还要培养他们良好的协调性、动手能力，因此在安全的范围里要学会多放手。

女婿打外孙，姥姥如何妥当面对

小童一直是姥姥带大的，和姥姥感情非常深。小童知道姥姥疼他，有什么好事儿也都会想着姥姥，还常常做一些搞笑的动作逗姥姥开心。小童的爸爸、妈妈工作都非常忙，尤其是在外企工作的爸爸，经常出差，平时和孩子的互动、交流也比较少。

一天，小童爸爸下班回来，脸色很不好看：上午因为工作业绩不佳，被老板批了一顿；下午开车出去又不小心剐了别人的车，这一天别提有多“背”了。他无精打采地走进家门，看见岳母有气无力地喊了声“妈”，便径直朝自己的房间走去。

这时，突然从卫生间里传出“咣”的一声巨响，小童爸爸忙进去一看，原来2岁半的儿子把凳子上的一大盆水全部打翻在地，水流得到处都是。平日里他也知道孩子闯点儿“小祸”是难免的事，可是今天诸多的不顺心攒在了一起，孩子的这个“祸”就像一根导火索，一下引爆了积压在他心中一天的愤怒。他上去抬手就给了孩子一巴掌：“让你闹，一刻都不得消停，是不是？”

小童姥姥见状本能地想上前劝阻，但是她迟疑了一下，还是站住了。直到女婿气哼哼地离开卫生间，进了自己的房间，姥姥这才走到外孙身边。

小童姥姥蹲下身子，用毛巾擦干孩子脸上的眼泪，把外孙拉到客厅的沙发上坐下，紧紧地把孩子揽在怀里，用手轻轻地拍打着他的后背，慢慢地平复孩子的情绪，让他不再害怕。

5分钟后小童不哭了，姥姥说："宝宝和姥姥一起去把卫生间的水弄干净好吗？"小童点点头，跟着姥姥进了卫生间。

不一会儿，祖孙俩从卫生间出来，姥姥问外孙："小童，现在心里还难受吗？"

"好一点儿了，不过刚才特别难受。"

"姥姥知道小童刚才是不小心，是爸爸冤枉我们了，对不对？"小童重重地点点头。"孩子，你听姥姥说，爸爸今天在外面工作很累，心情不太好，所以用了不好的方式对待你，可是爸爸的心是好的，是爱你的，对吗？"

小童看着姥姥，没吭声。姥姥继续说："孩子，爸爸也是人，也有脆弱的时候，也有需要我们理解和支持的时候，我们原谅爸爸今天的坏脾气好不好？"

"嗯，好的。"小童重重地点了点头，说着跑去推开了爸爸的房门，跑到爸爸身边说："爸爸，别生气了，刚才是我不小心把水洒了，但是你不该打我，不过我现在原谅你了。"正在懊悔的小童爸爸没想到孩子会说出这样一番话，一把把儿子搂在怀里，不停地说："对不起，儿子，是爸爸不好，爸爸不该打你。"

"没关系，我原谅你了。"说着小童爬到了爸爸的腿上。

父母不是圣人，也有犯错的时候

两代人教育孩子的时候，往往在打孩子的问题上冲突是最激烈的。年轻的父母打孩子，尤其是爸爸打儿子，很多时候不是因为孩子真的犯错了，而是因为自己心情不好，就拿孩子的某个事由发泄自己的不良情绪，这也是老人最见不得的。

怎么办？

给子女的建议：

◎ 做个好榜样

自己的不良情绪最好在进家门前处理掉，不要频繁地发泄到孩子身上，这样的后果很严重。用不了几年，就会发现自己养了一个脾气非常暴躁的“小恶魔”，因为他变成了之前的自己。

◎ 及时止损

打孩子会引发一连串的家庭矛盾，所以要学会及时“止损”。

◎ 学会道歉

如果是自己不对，要勇于向孩子道歉。道歉是一种能力，不是人人都具备的。孩子勇于道歉的能力往往习得于父母。

给老人的建议：

◎ 不干涉

当祖父母看到孙辈被打时，常常会第一个冲上前去护着孩子，指责儿女，而气头上的儿女也会因为老人的干涉更加气急败坏，不仅不停手反而会指责老人护短，妨碍自己管教孩子。继而矛盾升级，有的老人被气得直接离家出走。因此子女管教孩子的时候，老人一定要强压冲动不去干涉，现场的干涉只会引致更糟的效果，因为这种管教也有宣誓主权的意味。

◎ 教导孩子

文中的姥姥就表现得非常冷静和睿智，她在明知女婿不对的情况下，没有马上上前制止，而是先用平静的方式安抚孩子，而后告诉他爸爸也有常人脆弱的一面，需要理解和原谅。这样的做法无形中告诉孩子，父母不是圣人，大人也有犯错的时候，子女可以指出大人的不对，同时也要学会用宽容的态度对待大人的错误，就像爸爸妈妈经常原谅孩子一样，一家人不记仇。

◎ 正视矛盾

每一次的冲突、矛盾其实都自带能量，处理得当，孩子会从中学到很多。让孩子学会正视矛盾，学会用恰当的方式解决矛盾。

“我是来找老伴儿的，不是来当后姥姥的”

素今年55岁，几年前老公因病去世，自己一边疗伤一边工作，还把大学毕业的女儿送出了国。退休后，一个人的日子多少有些寂寥，她也不愿把自己所有的情感全都寄托给远方的女儿，毕竟女儿也会有自己的世界，她不想让这份牵挂成为孩子的负担。

经朋友介绍，素认识了周先生，一个谈吐风趣、温文尔雅的大学教授。经过半年的交往，素和周先生便登记结婚了。结婚时周先生对素有一个要求，那就是要对他和前妻唯一的独生女儿好，素没多想就答应了

素搬到周先生家住的那个月正好赶上周先生的女儿生产，素一时不知该怎样当这个后妈，是像其他母亲那样照顾继女坐月子呢？还是敬而远之不主动找累呢？好在人家闺女识相，在后妈和亲婆婆之间，略加思考后理智地选择了亲婆婆，这倒也让素松了一口气。

但外孙子毕竟也是老周家的骨血，过了满月，女儿一家便“挪骚窝”挪到了老周家。女儿、女婿不好意思叫素“妈”，便随着孩子一起叫素

“姥姥”。应声后，素便把大大的红包快快“呈上”，一家人也算客客气气，其乐融融。

一日，素正要给周先生的女儿送汤，就听到女婿说：“你问问爸爸，这房子以后是给咱大宝呢还是给素阿姨，阿姨再好那毕竟是外人，你可是他亲闺女。这样吧，我们就一直住下去，你爸也不好当着我们的面把房子给阿姨，阿姨也正好给我们带孩子。”

素听完推门进去对小两口儿说：“孩子，你们放心，阿姨不是来和你们抢房子的，阿姨有房，阿姨只是想找个伴儿。不过看孩子这事阿姨以后可能干不了。”小两口儿一下愣在那里。素出来的时候听到周先生的女婿说：“我说吧，后妈就是后妈，她怎么会帮你看孩子！”

晚上吃完晚饭，素默默地在客厅看电视，老周给她递过来一个苹果。

“怎么情绪不高呀？这几天辛苦你了！不过你也知道，我只有这么一个女儿，我们结婚的时候，唯一的条件就是要对我女儿好，你不是也答应了吗？现在给她带两天孩子就不乐意了？”

素只是想找个伴儿说说话，完全没有想过要给一个没有任何血缘关系的人看孩子。她现在要重新考虑一下她和周先生有没有必要再继续走下去了。

继父母没有义务帮忙带孩子

婆婆和继母相比较，继母应该更难当，婆婆还有与儿子、孙子的血缘关系，而继母完全是因为姻缘而和继子女有了关系。

怎么办？

给子女的建议：

◎ 不要对继父母提要求

继父母不是亲父母，与小辈、孙辈之间没有血缘的连接。要求再婚老人仅仅是因为一场婚姻，就要去跟一个和他没有任何血缘关系的子女相处并为他们带孩子，这多少有些为难再婚老人。因此，为了自己父母晚年的幸福生活，有些不合情理的要求还是不提为好。不要什么都依赖父母，还父母一段纯粹的晚年情感生活吧。

给老人的建议：

◎ 对子女的亲父母而言

不要对后老伴儿提不切实际的要求。很多人在谈及再婚的时候都会提一个共同的要求，那就是：你一定要对我的孩子好，这是首位的。很多人也信誓旦旦地答应说："那是当然，我一定把他当自己的孩子对待。"可一旦真的走进婚姻，发现并不是那么回事儿。

这个要求本身就不太合理。要求再婚配偶爱自己的孩子，前提一定是配偶特别爱自己，才有可能爱屋及乌去爱自己的孩子。如果双方还没发展到有很深的感情，怎么会为对方的孩子做出很大的牺牲呢？如果想当然地认为对方就应该这样，当对方做不到的时候，就会不满意、不高兴，将会直接影响到再婚夫妻的感情。老人再婚难的一个重要因素就是婚姻不光是两个人情感的事情，还是两个家庭以及两代人的事情，尽量把关系简单化，更有利于老年人再婚的成功。

◎ 对子女的继父母而言

很多女性一开始时为了表示友善都会欣然同意帮助带孩子，但过程中会因为各种观点的不同而发生矛盾。如果是亲生父母，再怎么和儿媳不和，也会看在儿子、孙子这一脉相承的分儿上努力去化解矛盾。但再婚的老人就没有这方面的优势了，两厢利弊比较下来，结果他们往往首选放弃自己的婚姻。再者，出于本能，继父母第一眼看到的会是对方子女身上的毛病而不是优点，所以相处起来并不是一件很容易的事情。

老人在走进一段新的感情的时候，如果没有非常宽广的胸怀和很高的情商，家庭关系一定是越简单越好。

第二章

2

抛弃陈旧的育儿思想和观念

“我这不懂、那不懂，不也把两个孩子拉扯大了”

在一次“妈妈学堂”上，一位年轻的妈妈向我抱怨说：“我让婆婆给孩子穿尿不湿，不要整天给孩子把尿，不要定点逼孩子拉屎，拉不出来，也要坐在便盆里拉。我看书上说，如果总把尿、把屎的话，孩子的肛欲期会发育得不好，严重的还会出现肛欲期人格，性格变得固执、偏执。可是我婆婆根本不听我的劝说，还说：‘你别整天看书上胡说八道，书能帮你带孩子吗？带孩子需要的是经验，我就是这么把孩子带大的，有问题吗？哪个孩子不把尿？我们那会儿，哪有什么尿不湿，要是不把尿，那就别干别的了，天天光洗尿布了。你们现在就是条件太好了，这也不行，那也不行的！”

另一位妈妈说她婆婆更厉害，说：“如今喂饭也不对，把尿也不对，哄也不是，吓唬也不是，怎么做都不对了。我告诉你们，要我带，就听我的，我说怎么带就怎么带，信不过我，你就把孩子领回去自己带。”这让她不知道该怎么办了！

“还有我妈……”又一个举手的。

“我妈是来帮我带老二的，我把买来的育儿书和自己带老大时做的笔记全拿出来给我妈看。这些笔记都是我通过亲身体验总结的，多宝贵呀，就想帮助妈妈了解如何带二宝，让妈妈和自己一起学习，在育儿观念和理论上也不会有太大的冲突。没想到，我妈根本不看，开始还敷衍我，后来干脆对我说：‘我一辈子都没看过这么多的书，老了老了，给你带个孩子，还让我整天学习。你说我都多大岁数了，脑子也不好使，记忆力也不好，哪记得住呀，早知道给你带个孩子这么多事儿，我就不来了，在老家过得好好的，跑这儿来活受罪！’”

不能用过去的经验带现在的孩子

当老人以祖父母的身份来带孩子时，他们会发现，怎么一夜之间，以前带孩子的方法都不对了?！这个时代变化快得让他们有点儿难以适应了，不光是新知识，就连传播知识的途径也不知道了。而年轻的子女觉得：都什么年代了，父母的育儿观点居然还停留在几十年前，太不可思议了。双方矛盾重重，新老育儿冲突趋于白热化。

1.育儿的新理念、新方法每年都在普及和更新，如果不是当了奶奶或姥姥，不带孩子，老人不会去关注。从前当妈妈到现在当奶奶一下子跨越了几十年，将几十年前也未必科学的方法用在当下孩子的养育上，就显得不那么合时宜了。嚼喂辅食，容易将大人口腔中的细菌传染给孩子。过早地给孩子把尿不仅会让孩子的括约肌功能发展滞后，还会给幼儿人格构建带来不良的影响。几十年后的今天，网络如此发达，各种资讯、知识铺天盖地，年轻人随便想了解点什么，网上一搜全有了，老人做得不对的地方难免会被孩子看到并指出。

2.老人的辛苦付出理应得到孩子们的尊重，这没有错，但这也并不意味着老人所有的做法都是科学的、正确的、必须坚持的。孩子身上的一些毛病，如挑食、脾气不好，敏感或胆小，和养育方式、教养环境都是有关系的。如今，年轻的家长经过学习都明白了这一点，他们会努力学习科学的育儿理念和教养方式，这样培养出来的孩子身体才会更健康，情绪才会更稳定，人格才会更健全。如果老人一味固执地恪守多年习惯的教养方式，那么可能几年后，老人带出的孩子和别人带出的孩子就会产生差距。老人希望孩子因为自己拒绝学习而输给别人吗？我想老人一定是不愿意的，毕竟那是他们最爱的孙子、孙女。所以对于要照顾孙辈的老人来说，一定的学习是非常必要的。因为时代在飞速地变化，它把老人抛下的时候，可能连一声招呼都不打，老人追不上没关系，却不能让孩子落下。

3.既然老人已经从生命中拿出很宝贵的一段时间、精力来帮助儿女带孩子了，那为什么要做吃力不讨好的事呢？坚持以往不科学的养育方式，不仅对孩子的成长发育不利，还会影响和子女的关系。况且，学习还会促进老人脑细胞的活跃度，防止患阿尔茨海默症。其实，在实践中学习并不难，有目的的学习才会感受到学习的乐趣和效果。不妨在一段时间里集中学习育儿知识，每个阶段留出一个月的提前量，这样既不会记不住，也不会让老人遇到问题时手足无措。只有那些与时俱进的老人才能缩小和子女间的代沟，才会被子女们接纳和欢迎。

“我儿子也是读书人，怎么可以在家里带孩子”

小天妈妈就职于一家外企，每天加班到很晚，忙得四脚朝天。小天爸爸在一家报社工作，在纸媒日渐萧条的大环境下，收入虽然少了些，但闲暇的时间却多出了不少，一周除了两次例会是必到的，其余时间都可以自由支配，于是照看小天的任务就落到了爸爸的身上。

小天爸爸倒是个开明的男人，完全不介意自己被贴上“奶爸”的标签。一来，老婆收入可观，不好轻易放弃；二来，自己也是真心喜欢带孩子，甚至觉得自己在这方面是有天赋的，偶尔在朋友圈晒出的育儿心得还会引来一堆粉丝的围观。

小天爸爸常说，在国外就有很多男人在家带孩子，这没有什么大不了，照顾孩子这件事不分性别，只是家庭分工不同而已，谁更适合在家里，谁更适合照顾孩子，谁就来做。

小两口儿平日在家里各司其职，倒也其乐融融。但这和谐的场景很快就被从老家赶来北京看病的小天奶奶打破了。

住在儿子家的这段时间，小天奶奶发现儿子整天在家忙家务，带孩子，很少出去上班。她很是纳闷儿，这不都该是女人干的活儿吗，怎么落到我这个读过大学的儿子头上了？她从开始的不解慢慢转化成气愤，一面骂儿子窝囊、没本事，一面对儿媳如此的“不守妇道”很是不满。

一天，吃饭的时候，小天奶奶很不客气地对儿媳说：“我儿子也是读书人，也有一份体面的工作，凭什么你让他这么一个大老爷们儿成天在家看孩子、做饭、收拾屋子，而你一个女人家，却整天在外面胡折腾。”婆婆满脸的责难。

“妈，您这是怎么说话呢？我怎么是胡折腾？我每天早出晚归，为这个家忙前忙后，您以为我愿意呀！哪个妈妈不愿意在家和孩子多亲热亲热呀?！问题是您不看看您儿子挣的那点儿工资养活得了我们一家三口吗？我们每月还有5000元的房贷要还，小天以后还有那么多的兴趣班要上。我要不出去挣钱，您说这日子怎么过？现在我有能力挣钱，就出去多挣点儿；他有时间照顾孩子，就在家多付出点儿，这有什么不好呢？”

“当然不好，你让一个大男人在家看孩子，这也太没有尊严了！女人家就该多照顾家，你说你忙，谁知道你在外面都干些什么呢？”

“妈，这都什么年代了，您还这么男尊女卑，还这么不信任我，简直太不可理喻了！”说完后，小天妈妈气愤地扔下碗筷，摔门出去了。

父亲带大的孩子更令人羡慕

长久以来，人们一直秉承着男主外、女主内的传统观念，男人在外挣钱养家，女人在家相夫教子，这几乎成了天经地义的社会分工模式。

如今，随着社会的发展以及女性社会地位的提升，父亲在家庭教育中重要性的凸显，有越来越多的男性回归家庭参与到子女的养育中来，甚至成为育儿的主力军。这不仅体现出了社会文明程度的提升，而且是家庭教育领域里的一件幸事。

在育儿的圈子里，有这么一条不成文的羡慕链：孩子是保姆、祖父母带的家庭会羡慕孩子是妈妈亲自带的家庭，而孩子是妈妈带的家庭会更羡慕孩子是爸爸带的家庭。这条羡慕链告诉我们：有父亲陪伴的孩子尤其是男孩，会发展得更全面。祖父母、保姆会更在意孩子的安全、吃穿，妈妈会更在意孩子的依恋关系、安全感，但是被爸爸带大的孩子在协调性、独立性、人格培育方面都会有更好的发展。

爸爸带孩子有三大好处：

1.孩子的体格发育会更好。因为爸爸更有力气，常常可以给孩子带来强烈的、大幅度的身体刺激，比如说举高高、骑大马、“肉搏”战等，这些身体的接触、力量的抗衡都会让孩子在体能上得到锻炼，因而让孩子发育得更好。

2.孩子的智力发育会更完善。爸爸相对而言更擅长逻辑思维，也更喜欢玩儿游戏，所以由爸爸带大的孩子一般逻辑思维会比较好。

3.孩子的人格发育会更健全。父爱是孩子形成完整人格的重要因素。在爸爸陪伴下长大的男孩更具有勇敢、大胆这些男性品格，女孩也会因为家中未缺乏男性角色而不会轻易地早恋。和爸爸相处多的孩子视野更广，格局更大，心胸更宽广。

如果很多爸爸不能像小天爸爸这样经常陪伴孩子，那么在孩子成长的三个关键节点上一定要在场，那就是3岁、6岁和12岁。3岁时爸爸适时在场，可以让孩子尤其是男孩不过度依恋母亲而引发恋母情结。6岁时爸爸在场，会让孩子很好地建立方向感和规则感，也会进一步确立父母在孩子心目中的权威感。12岁时爸爸在场，有助于成为孩子的榜样，孩子不太容易形成成瘾性人格，产生比如打游戏、抽烟，甚至吸毒的行为，他做事会有底线，会变得自律。

社会在进步，男女之间越来越平等，在社会上的分工也不再像以前那样一成不变了，所以老人不要再抱着固有的传统理念不放，觉得养娃就是女人的事，男人不该管。要知道，孩子长大以后是否健康、优秀，很大程度上取决于父亲陪伴的多少。

“我就是尝尝烫不烫，哪儿有那么脏呀”

丽芳的宝宝10个月大了，除了喝母乳以外，平时还要添加一些辅食。有时婆婆会蒸个鸡蛋羹，或者熬个营养粥。每次喂宝宝吃饭的时候，婆婆都会吹一吹，然后自己尝一尝烫不烫，感觉温度合适了，再给宝宝吃。

一天，丽芳下班回家，进门正好看到了婆婆把喂宝宝的勺子往自己嘴里放的情景，立刻大喊一声。

“停！妈，您怎么能把喂宝宝的食物放到自己嘴里呢？”

“我就是尝尝烫不烫，别烫着孩子，怎么了？”婆婆一脸迷惑地问道。

“您每次都是这么喂孩子的？”

“是呀！”

“这多不卫生呀！我们大人的口腔里有很多细菌，这样做会通过嘴和嘴的接触让孩子感染。”

“哎哟，瞧你说的，我哪有那么脏呀？”

“妈，您不总说胃不舒服吗？哪天我带您去查查，没准有幽门螺杆菌呢。这种细菌会传染的，您老这么喂饭，要是把幽门螺杆菌传染给孩子，那可不得了。”

“我才不去查呢！我好好儿的没有生病。这孩子你让我帮忙看，我就这么看；不用我帮忙看，嫌我脏，我走就好！”

“妈，我不是这个意思！”

“那你什么意思呀？”

“我也是关心您的身体。”

“关心我？拉倒吧，我早就说不舒服了，也没见你张罗带我去看病呀！”

丽芳一时无语。

时代不同了，卫生标准也不同了

很多人都认为养孩子就是家务事，是凭经验干的活儿。其实，育儿是一件很讲科学的事情，养育方式的不得当会给孩子造成伤害，对此，很多老人是不知道的。

为什么大人不要口对口和孩子进行接触？

因为成人有时会患口腔疾病，口腔溃疡的病毒会通过口与口的接触传染给孩子，导致孩子也染上病毒。如果成人经常胀肚，胃不舒服，也有可能是幽门螺杆菌在作祟，而幽门螺杆菌有极强的传染性，也很有可能传染给孩子。所以，孩子的餐具最好是独立的，不要和成人的餐具混在一起，老人也不要用自己的嘴去试尝食物烫不烫，可以等待让食物自然冷却。孩子一旦因为口腔交叉感染患上疾病，后悔都来不及。

此外，也要让宝宝勤洗手，入口的东西保证干净，带宝宝出门要备湿纸巾或免洗洗手液，给宝宝准备专属的餐具、杯子、毛巾等用品，这些都是必要的。

“9斤奶奶”的骄傲

聪聪奶奶是个东北人，年前儿媳给她生了个超胖的大孙子，生下来在秤上一称：9斤重。聪聪奶奶乐得合不拢嘴，逢人便炫耀自己得了一个9斤重的大孙子，别人也因此都叫她“9斤奶奶”。

孙子刚满月体重就飙升到了15斤，比同月龄孩子的标准体重足足重了5斤。每次“9斤奶奶”抱着她的大胖孙子出来晒太阳的时候，都无比骄傲地说：“瞧，我家孙子养得多好，白白胖胖的，这小胳膊上的肉都一嘟噜一嘟噜的。”

“是呀，9斤奶奶，你家宝宝是吃什么奶催的，养得这么胖？”周围抱着孩子的奶奶、姥姥都在随声附和着，各个脸上都流露出羡慕的表情。

只有一位南方口音的姥姥看了后不以为然地说：“9斤奶奶，我那天看书上说，小孩子太胖不好的，长大后容易得高血压什么的。”

“你可拉倒吧，这么点儿小孩儿怎么会得高血压？高血压是老年病好不好？”“9斤奶奶”把一脸的不高兴甩出了好远。

“我是说长大后！”南方姥姥很没底气讪讪地说。

“长大后我们也不会，你瞧瞧你家孩子，被你养得干巴瘦，让人看着都心疼。你们长不胖，是不是嫉妒我们胖呀，还咒我们得高血压！”

“你！你怎么这么说话！我只是好心提醒，再说我们小宝也不瘦，我们是正常的，每天都量体重。你不爱听，那就算了，不和你讲了，带孩子也是要讲科学的！”

“你说谁不科学了！多读两本书有什么了不起的，我们怎么不科学了？不科学，我们能喂这么胖吗？自己带不好孩子，还嫉妒我们，真没劲！”聪聪奶奶边说边气哼哼地离开了人群，众人也抱着孩子各自散了。

白白胖胖不一定健康

很多老人以养个白白胖胖的大孙子为骄傲，在一起就喜欢攀比孩子的体重。这个说：“出了满月我家宝宝就12斤了！”那个说：“我家孙子一出生就是一个大胖小子。”

殊不知，养个巨大儿并非是件好事。1岁以内的过度喂养导致的婴儿肥，有可能会造成孩子终身的肥胖，孩子长大以后患高血压、糖尿病的概率要远远高于其他正常体重的孩子。所以，妈妈在孕期就要学会控制体重，不能胡吃海塞；出生后的第一年更是孩子肥胖控制、预防的关键时期。

刚出生的婴儿体重在3千克～3.5千克（约6斤～7斤）是最标准的，月子里新生儿只要长够1千克（2斤）左右就是正常的。千万不要再以养个胖孙子为骄傲了，那样孩子长大后可能终身都需要减肥。

我国在2006年进行的第三次《全国0～6岁儿童单纯性肥胖流行病学研

究》显示，10年来，中国0～6岁儿童肥胖和超重的总检出率分别为7.2%和19.8%，这表明中国儿童和青少年肥胖已进入快速流行期。

所以，带孩子不要贪图过度喂养，孩子体重正常、身体健康最重要。

“宝宝和奶奶最亲了，奶奶搂着睡”

方奶奶的孙子顺顺自打一出生就是和她一起睡的。因为儿子、儿媳白天都要上班，晚上睡不好，会影响第二天的工作，方奶奶就把哄孩子睡觉的工作揽到了自己的身上，这样可以让他们小两口儿睡个好觉。

转眼顺顺快5岁了，仍然和奶奶睡在一张床上，有时还和奶奶睡一个被窝。奶奶每晚搂着大孙子睡觉，心里别提多美了。

一天，顺顺爸爸对奶奶说：“妈，顺顺明年就要上小学了，该让他自己独立睡小屋了。”顺顺一听就大哭起来：“不要，不要，我就要和奶奶睡，不要自己睡！”看到孙子哭了，方奶奶心疼得不行，就对儿子说：“他还小，自己睡，晚上蹬被子感冒了怎么办？你们上班走了，生病了还不都是我的事?！算了，算了，上学以后再说吧。”

虽然顺顺爸爸知道这样下去对孩子的成长不好，可这一老一小就是说不通，他也没办法，最后只好放弃了。

独立分床睡对孩子的身心发展有积极意义

在适当的年龄和家长分床、分房睡觉，对孩子的心智发育和独立人格的培养都有着非常重要的意义。

在孩子最早3岁，最晚6岁的阶段，应该让他自己在小房间独立睡觉，即使在没有条件给孩子准备一间独立的小房间，起码也要分床睡，这是建立孩子独立人格的必要条件。

分床睡觉可以作为孩子独立成长的一个标志，所以最好有一个仪式感的过程。比如，和大人一起布置自己的小房间或小床；在孩子的某个重要节点，如生日或者某个节日或开学的日子起正式实施，这样孩子会对此有一份好奇和期待。

孩子分房睡一开始时会很不适应，这是正常的。家长可以在小房间陪他，给他讲故事，直到他睡着。如果孩子怕黑，可以在床尾处放一个小夜灯，也可以让小夜灯一直亮着。

一开始，孩子会在半夜醒来找妈妈或奶奶，甚至又爬到妈妈或奶奶的床上也没关系，第二天可以再送回小房间，这样反复几次，孩子就会习惯在自己的小床或小房间里睡觉了。

不建议在孩子上幼儿园的第一天就分房睡，因为上幼儿园的第一周孩子会有分离焦虑，如果让其晚上再次体验和亲人的分离，孩子可能会接受不了，更会加重这种焦虑。

即使和孩子分床、分房成功了，这一周家长也要特别关注孩子的心理变化，让孩子感觉到，就算和亲人分开睡了，但亲人们依旧很爱他，这样孩子才会有安全感。

总之，家长在孩子分床、分房睡的问题上一定要坚定，不要孩子一哭就妥协。孩子每一次的成长都会伴随短暂的不适应，家长要为孩子的长远发展考虑。

“外面冷，宝贝出门多穿点儿”

开春了，每天上午10点，薇薇姥姥都会带薇薇出门活动活动。每次出门姥姥都会说同样一句话：“薇薇，外面冷，咱们多穿点儿啊，可别感冒了！”

可是，最近薇薇还是感冒了。这下姥姥着急了，以为是给孩子冻着了，便给薇薇穿了更多的衣服。

这天上午，薇薇妈妈没去上班，她看见姥姥给薇薇穿得里三层、外三层的，就对姥姥说：“妈，薇薇的感冒都是您给捂出来的，您还给孩子加衣服，这感冒哪里好得了？”

“怎么可能，你看我这手脚都冰凉冰凉的，孩子和老人一样，抵抗力差，要多穿！”姥姥解释道。

“您每次给她穿这么多，她一运动就浑身出汗，一出汗就容易感冒。孩子的抵抗力也是锻炼出来的啊！”薇薇妈妈也坚持着。

“哎哟，都有点儿发烧了，还是赶紧去医院吧，咱们听听医生怎么说。”姥姥依旧不服气。

结果到了医院，做了各项检查，也没啥大问题，医生也说是姥姥给穿

太多捂出的感冒。

有一种冷叫姥姥觉得冷

老人带的孩子常常容易上火，原因是老人自己岁数大了，抗寒能力不足，常常会觉得冷，认为孩子也会和自己一样感觉冷，于是总让孩子多穿，最后把孩子捂得感冒了。

其实小孩子体温偏高，火力旺，不需要穿那么多衣服，老人不要用自己的感觉来代替孩子的感觉。

另外，小孩子都会闲不住，整天上蹿下跳总处在运动状态中，所以穿的衣服最好比成人少一件，如果穿多了，一活动就出汗，一出汗就容易感冒。

再者有句老话，“要想小儿安，常受三分饥和寒”，可见，适当的寒冷可以提高孩子的抗寒能力和耐受力。

难道挑食也遗传

花花是个特别活泼的孩子，人也长得白白净净，可就是吃饭总爱挑食。在花花吃饭这件事上，姥姥可是费尽了心思，整天跟着电视里的大厨学做好吃的饭菜，变着花样来满足外孙女这张“小刁嘴”。

这天，姥姥又在电视上学了几道营养餐，准备晚上做给花花吃，只要孩子能多吃一口，当姥姥的心里别提多高兴了。

“叮咚”，门铃响了，爸爸妈妈带着花花学琴回来了。妈妈看见桌上五颜六色的饭菜，大声惊呼：“好香啊，太美味了！花花，咱们来看看姥姥今天又做什么好吃的了，糖醋排骨、清蒸鲈鱼、虾仁炒鸡蛋、香菇油菜，还有清炒胡萝卜，好香啊，快洗手吃饭。”

等一家人都围坐在餐桌前准备吃饭，姥姥开始了她仪式化的夹菜，她先给花花夹了排骨，然后夹了虾仁，就在姥姥刚要把夹起的胡萝卜放到花花碗里的时候，花花本能地捂住碗。

“姥姥，我跟您说过多少次了，我不爱吃胡萝卜，您怎么又做胡萝卜呀！”

“胡萝卜有营养呀，里面有β－胡萝卜素，可以转化成维生素A，可以让小朋友眼睛明亮。”

“我不喜欢胡萝卜的味儿，您再给我夹，我就不吃饭了。”花花任性地说。

“妈，算了，她不吃就不吃吧，别再逼她了。”花花妈妈说。

“好好好，姥姥以后再也不给你做胡萝卜了！”姥姥应和着。

“姥姥万岁！”花花高兴地在姥姥脸上亲了一口。

“妈，您不能这么惯着她。您看她现在这个不吃、那个不吃的，何止胡萝卜，连熟西红柿也不吃，香菇也不吃，真随了她妈妈，合着这挑食也遗传呀?!”花花爸爸说。

“你怎么说话呢？挑食还能遗传？”花花妈妈不乐意了。

今天不吃并不代表永远不吃

老人带出的孩子会比较挑食，因为孩子说不吃，老人生怕孩子饿着，就去做孩子爱吃的食物，久而久之，孩子就总吃自己喜欢的那几样。孩子大了会挑食，很大程度上取决于小时候接触过的食物种类有限，有些食物没吃过或很少吃，就认为不好吃，索性不再吃了。

如果孩子不爱吃某种食物，没关系，不用当下逼着孩子非吃不可，但也不要彻底放弃它。一个星期后，一个月后，这道菜还可以再次出现在餐桌上，放在孩子可以选择的范围内，或许过一段时间孩子就吃了。孩子的饮食习惯是会随着上幼儿园、上小学或者到其他同学家吃饭而改变的。所以说，“胡萝卜”今天不吃，并不代表永远不吃。

另外，挑食本身并不会遗传，就算妈妈挑食，如果孩子的喂养方式得当，孩子完全可能不挑食。但如果家长的喂养方式一贯如此，也没有发生转变，孩子不吃就不再做了，那很可能带出来的孩子都会比较挑食。

孩子小的时候吃的食物越多，不仅摄取的营养越丰富，而且长大后的适应能力越强。首先，别人请他吃饭时，他会因为真心喜欢食物而发出赞叹和感激，而不是违心地表示客套。再者，人们常常说当客居他乡时，会有一种浓浓的乡思，而这种乡思多半来自对家乡的食物、小时候熟悉的味道的想念。当人们的生活环境发生了变化，对食物的不适应性也会加重人们对新环境的不适应，这就是老一辈留学生对西餐的排斥为什么会远远大于现如今的留学生的原因，因为老一辈小时候很少吃过西餐。

所以，尽量让孩子小的时候涉猎更多种类的食物，才有助于孩子养成“不挑食”的习惯。

“孩子要是饿出胃病怎么办”

林大夫快70岁了，从医务岗位上退休也10年了。女儿以优异的成绩考到美国读研究生，后来就定居美国了。

前不久，女儿带着5岁的小外孙回到中国和林大夫夫妇生活了一段时间，这让林大夫充分体会了有儿孙在身边的天伦之乐，可是女儿的教育方式有时也让她非常不解甚至不满。

一次吃午饭，女儿叫了外孙好几遍，小孩子玩乐高正在兴头上就是不过来吃饭。林大夫赶紧上前去喂了外孙几口饭，外孙一边吃一边玩儿。女儿过来夺过妈妈手中的碗，放到了一边，示意妈妈去吃饭，然后自己蹲下来对儿子说：“你如果不好好吃午饭，后果是晚饭也没得吃。你好好想一想，要不要吃这顿饭。”

儿子不假思索地说：“不吃就不吃。”

“说话算话？”

“当然算话。”

和孩子谈完，女儿回到桌上吃饭。

傍晚的时候，女儿对林大夫说让她晚上做点儿外孙爱吃的饭菜。林大夫一想也是，孩子中午没好好吃，晚上是该好好补补。于是晚上她精心烧制了糖醋排骨、西红柿炒鸡蛋、可乐鸡翅，还有土豆沙拉，都是外孙爱吃的菜。

外孙闻到饭菜香立刻跑到餐桌前准备吃饭。这时女儿对外孙说："中午你不是说晚上不吃饭吗？"

"是的。可是，妈妈，我现在饿了。"

"但人不能说话不算话，小孩子也一样。我没有不让你吃晚饭，是你自己选择的。既然你选择了，就要为自己的言行负责任，晚上也不吃。"女儿很坚定地说。

"什么?！你不让他吃？那你干吗让我做他爱吃的？"林大夫不解地问。

"为了让他长记性。"女儿坚定地答道。

外孙一看没饭吃大哭起来，林大夫刚要去哄，再次被女儿拦住。

"妈，说话算话不也是我小时候您教育我的吗？"

"这——这么饿着孩子会饿出胃病的。"

"一两顿没事的，养成坏习惯顿顿都不好好吃饭才会弄出胃病呢！"

晚上，女儿依旧给外孙洗澡、讲故事，外孙几次哀求要吃饭都被拒绝了。外孙只好饿着肚子无奈地上床了，女儿过去搂着外孙说："妈妈爱你，宝贝，做个好梦。"

"妈妈，晚上真的不能吃东西了吗？"

"不能。"

"那什么时候能吃？"

"明天一早，你一睁眼，不管多早，妈妈都给你做好吃的。"

"好吧。妈妈，晚安！"

“晚安，宝贝！”

站在一旁目睹了整个过程的林大夫心里真是五味杂陈，但她知道女儿在管教孩子的时候，自己不该多插嘴，也就没说什么。

从此以后，外孙真的养成了到点就坐在餐桌前好好吃饭的好习惯，林大夫也不得不佩服女儿当初的“狠心”。

遵守规则需要温柔并坚定

在这个案例里，林大夫的女儿看似不近人情，让孩子连续饿了两顿，但却收到了很好的效果，让孩子养成了定点吃饭的好习惯。让孩子知道不可以随随便便地去承诺什么事情，自己答应的事情就一定要做到，否则后果自负。

有时，人们会发现孩子容易出尔反尔，常常说话不算话，其实是因为大人经常出尔反尔在先。今天发现孩子有问题了，就给孩子定个规矩，明天孩子一听话、一撒娇，规矩就可以立即作废，可以不遵守。久而久之，规则在孩子心中就没有那么重要了，大人在孩子心中也失去了权威性。

另外，这位妈妈做得更好的一点就是，在坚持原则的情况下依旧对孩子和颜悦色。条件不会妥协，但妈妈依旧爱你，这是永远不会变的。

反观现实生活中，很多老人会一边骂着孩子一边向孩子妥协，这样孩子既感受不到爱，同时又破坏了原则。

要让孩子知道爱是没有条件的深情，规则是没有敌意的坚持。正如美国教育家简·尼尔森在《正面管教》一书中所说的，正面管教有规矩也有自由，和善与坚定并行，给孩子有限制的选择。在这个过程中，我们既要尊重孩子，不去斥责他，也要坚定地遵守承诺，不要因为心疼孩子而改变规则。

“孩子别玩了，快到姥姥这边来”

2岁的心心正在客厅里搭积木，突然门铃响了。姥姥赶忙前去开门，原来是对门的林奶奶来串门了。

心心姥姥把林奶奶迎进门，赶忙招呼客人在沙发上坐下，随即对正在专心玩积木的心心说：“心心，快叫林奶奶好。来，快到姥姥这儿来！”

心心依旧低着头在玩儿她的乐高，好像根本没有听见姥姥的话。

“这孩子真不懂事！”说着心心姥姥给林奶奶倒了杯水。

放下水杯的心心姥姥想了想：林奶奶是个读书人，平日里非常有礼貌，心心见人都不叫人，以后在外面该说我没把孩子教育好。于是姥姥走到心心跟前，强硬地夺走心心手中的玩具，把她抱过来，站在林奶奶面前对她说：“心心，快叫林奶奶好，姥姥平时怎么教你的，小孩子要有礼貌。”

心心大概是因为被姥姥突然抱起来打断了她搭积木的思路，一下子就哭了起来，不仅没有叫林奶奶，还惹得大家都很尴尬。

“没事，没事，让孩子玩儿吧！”林奶奶忙劝说道。

经常性地打断会破坏孩子的专注力

很多老人都希望自己带出的孩子懂礼貌、守规矩，这是非常好的事情。但是给孩子树立规则不能太着急，一定要符合孩子的心理发展规律，如果是揠苗助长的话，反而会适得其反。

比如心心，她才2岁，还不太懂得什么是礼貌，但在这个年龄段，她会对自己感兴趣的事情特别专注。姥姥为了让她叫人打断了她正在专心研究的积木，这让孩子非常恼火从而发脾气。如果大人经常性地打断孩子正在专注的某件事的话，孩子的专注力会被破坏，长大了容易注意力不集中。

因此，在孩子两三岁这个阶段，不要因为刻意地教孩子礼貌而打断孩子正在做的事情，这样下去，礼貌没学会还容易破坏孩子的专注力，反而得不偿失。

孩子6岁以前的礼貌和规则教育更多的是大人的影响教育，老人和孩子在一起的时候，看到熟人主动打招呼和见面时的微笑、将垃圾自觉扔到垃圾桶里，大人的这些做法都会潜移默化地影响到孩子。如果孩子有哪里做得不好，也不必特别训斥、责骂，告诉孩子应该怎么做就好，一个自身有素质的老人带出的孩子也错不了。

但是一定要注意，孩子的专注力一旦被破坏了，以后上学就很难做到注意力集中了。

“再不睡觉大灰狼就来叼你了”

3岁半的熊熊一到晚上就来精神，床几乎就成了他的舞台，他会把白天在幼儿园里学的所有项目一一给奶奶表演一遍，奶奶还必须报以热烈的掌声。这还不够，他还会把幼儿园里老师训斥小朋友的样子给奶奶学一遍，逗得奶奶哈哈大笑。

可是眼看就要10点了，熊熊一点儿睡意都没有。奶奶好话说了一箩筐都没用，突然奶奶灵机一动对熊熊说：“熊熊，你还记得奶奶上次给你讲的大灰狼的故事吗？”

“记得，把好多孩子都给叼走吃掉了。”

“你害不害怕？”

“害怕。奶奶，你别说了。”

“熊熊呀，如果你再不听奶奶话，大灰狼就会到咱们家来。”

“奶奶，大灰狼不是在山里吗，怎么会到咱们家来呢？”

“因为大灰狼的眼睛闪着绿光，专门能看到那些不听话的孩子，谁家的孩子不听话，不睡觉，他就到谁家来，把这家的宝宝给叼走。”

“啊，奶奶我害怕，我不要被大灰狼叼走。”熊熊带着哭腔说着，双臂紧紧地搂住奶奶，生怕大灰狼马上就来自己家。

奶奶心中窃喜，接着说：“熊熊呀，你现在把眼睛闭上，大灰狼以为你睡着了，看看就走了。”

“奶奶，我闭上眼睛了，大灰狼走了吗？”

“走啦走啦，你不能再睁开了啊，睁开眼大灰狼就又回来了。”

“嗯，嗯，我一直闭着。”

之后，每次熊熊不想睡觉的时候，奶奶都用大灰狼来吓唬他，诱逼他睡觉。

不要让孩子在惊吓中入睡

对于老人来说，晚上哄孩子睡觉一直是一件令人头疼的事情。孩子精力旺盛不肯睡，老人累了一天非常疲惫，于是为了让孩子快速入睡，老人常常会吓唬孩子“再不睡，大灰狼就来咬你了”“警察叔叔就来抓你了”“穿白大褂的来给你打针了”。

小孩子会相信大人说的每一句话，最后孩子往往是因为相信大人说的这些话而感到特别恐惧才闭上双眼睡觉的。

这样的做法很不可取，原因如下。

第一，骗孩子是不对的，孩子长大以后知道了真相就不再信任大人了。

第二，孩子临睡前的情绪特别重要。西方人信仰上帝，因此他们在临睡前和早上醒来时都要向上帝祷告，感谢主给他们带来如此美好的一天。中国人虽然不大信神、不祷告，但大人一定要让孩子带着一个非常美好的记忆和情绪去睡觉，而不是带着恐惧入睡。在恐惧中睡去的孩子晚上容易做噩梦，也容易产生夜惊现象，这样会严重影响孩子的睡眠质量，并因此导致孩子的神经系统发育不好。

“不听话，奶奶当然要凶你”

小光是张奶奶家唯一的孙子，平日里张奶奶对他疼爱有加，小光想要什么奶奶就给什么，几乎是百依百顺。可是最近小光的胆子越来越小，妈妈问他为什么变得这么胆小了，小光怯怯地说：“奶奶总是凶我，我很怕奶奶。”

晚上，小光妈妈和丈夫说了这个事，小两口儿百思不得其解，奶奶那么宠爱孙子，几乎到了溺爱的地步了，怎么会经常凶他呢？会不会是孩子撒谎？可是孩子也没必要撒这个谎呀，况且最近孩子的确胆子越来越小了。小光妈妈决定请半天假，悄悄地在一旁观察一下。

下午，张奶奶带着小光在广场上玩儿。小光和一群小男孩一起爬一个小土坡，快爬上坡顶的时候，只见张奶奶声嘶力竭地喊着小光：“下来，你给我下来，听见没有。”小光看见奶奶生气的样子只好乖乖地下来了。没想到张奶奶看见跑下来的小光，照着屁股就是一顿打。

“让你爬高，跟你说了多少次，不能爬高，不能爬高，就是不听。要是摔了，我怎么和你爸妈交代，你看早上刚给你换上的衣服，又弄得这么脏，你就不能老实点儿，不这么皮呀。”

小光一声没吭，任凭奶奶打。小光妈妈在一旁看着实在不忍心，这是她第一次亲眼看见婆婆和自己儿子发这么大的脾气，往日的慈祥瞬间变成一脸的凶悍。

在小光妈妈看来，婆婆实在没有必要发这么大的脾气，因为那个土坡根本就不高，孩子就是上去也不会有什么危险的。这下她终于明白孩子为什么会胆子越来越小了。奶奶就像个双面人，一面是平时无限慈爱的奶奶，一面是当孩子遇到一丁点儿风险的时候就十分凶悍的奶奶，双面奶奶让孩子不知所措。

老人的不稳定情绪比“危险”本身对孩子的伤害还要大

老人看孩子，看的是“别人”的孩子，会感到责任特别重大，一旦有一丁点儿闪失都无法向儿女交代，所以老人永远把安全放在第一位，对那些他们认为危险系数大的事情都是零容忍。

虽说这也没有错，但有时老人实在不必太过紧张，因为小孩子尤其是男孩乖乖地坐在那里一动不动是不可能的，即使他做到了，他的体能、协调能力也会因为缺少锻炼而得不到很好的发展，这对孩子是不利的。

因此，老人要适当地让孩子运动，甚至冒一点儿小风险也没关系，这点，孩子父母要给老人吃一颗定心丸，即使孩子磕着、碰着也不要怪罪老人。试想，就是父母自己带，孩子也会磕碰的，除非完全不让孩子动。

另外要提醒老人的是，不要动不动就在孩子面前情绪失控、发脾气，有时候对孩子做十件好事都抵不过对孩子发一次脾气的伤害大。孩子不一定记住大人说的话，但大人愤怒的表情会在他幼小的心里留下深刻的印象，有时这种印象会记一辈子。因此，老人不稳定的情绪有时比“危险”本身对孩子的伤害还要大。

“大宝，快来给大家背一首唐诗”

春节，任奶奶一家老小和亲朋好友一起到外面的一家高级餐厅吃饭。

席间，任奶奶不停地炫耀说：“我家孙子可聪明了，什么东西一学就会。来，乖孙子，我们给大家表演一首唐诗吧，奶奶不是教了你好几首吗？”孩子有点儿不愿意，低着头半天不说话，任奶奶有点儿不好意思，对大家说：“这孩子腼腆。”但她并没有放弃让孩子表演的念头，继而再一次对孙子做思想工作。

“大宝最聪明了，快给大家表演一个，表演完了，奶奶给你点你最爱吃的红烧肉。”

“那就让我一个人吃，你们都不能吃！”听到红烧肉，孩子一下来了精神。

“好的，没问题，没问题！奶奶答应你，那你可以开始背唐诗了吗？”奶奶殷切地问道。

于是，小孩子很不情愿地背着“锄禾日当午，汗滴禾下土，谁知盘中餐，粒粒皆辛苦”。话音刚落，众人鼓掌：“好棒！”“好棒！”一片赞叹。

奶奶长舒一口气，一脸欣慰。

这时菜陆陆续续上齐了，儿媳说；“妈，咱们吃饭吧。”奶奶好像没听见，又对着孙子说：“我们再给大家表演一首英文字母歌吧。”孩子答应了，唱罢，又是一片叫好声。众人以为表演结束了，这回可以踏踏实实吃饭了，没想到奶奶兴致正酣，又让孙子背了一遍乘法口诀，真是十八般武艺一个不落地给众人展示了一番。

席间，众人已经从开始的真热情变成了敷衍的鼓掌，小孩子饭没吃上一口就这样被奶奶连哄带骗地完成了20多分钟的表演。

这时，孙子爱吃的红烧肉上来了，孙子二话不说把菜转到了自己跟前吃了起来，并且没有转走的意思，旁边的儿媳脸上有点儿挂不住了，就说：“儿子，别人还吃呢！”小男孩脖子一梗说：“奶奶答应的，就给我一个人吃，别人都不许吃，要不刚才我还不表演呢！”

让孩子展示才艺时，要注意三点误区

学习是为了在需要的时候有用，而不是为了炫耀。

父母或老人让孩子在众人面前表演，在中国是一个非常普遍的现象，几乎每个家长都会秀孩子所学的技能和知识。这本无可厚非，但要注意三点。

第一，学习的目的是为了在生活需要的时候，某项本事可以帮助到自己，它是有实际用途的，而不仅仅是为了满足家长的面子，不是用来炫耀和表现的。有些孩子学习成绩很好，每次表演得也很好，却很少会拿学习到的知识运用在实际生活中。所以在很多生活、生存的竞技中，中国孩子这方面的能力是比较低的，人们很奇怪，一个学习那么好的孩子，怎么在生活中什么都不会？那是因为，知识转化为生产力也需要实践和引导。

第二，孩子一旦发现学东西不是因为自己的兴趣和需要，而是为了家长的某种虚荣心时，孩子就会要交换条件，比如，红烧肉等物质条件。因为他觉得，我是为你而付出的，我亏了，我需要补偿。而文中提到的这个补偿环节恰恰是孩子在生活中应该学习的环节：红烧肉，你爱吃，大家也爱吃，好吃的不能自顾自地一个人吃，要学会考虑别人。

第三，每个孩子的性格不同。有的孩子外向活泼，有极强的表现欲，这样的孩子表演是为他自己，他喜欢演出后获得掌声的那种酣畅淋漓的感觉，即使大人不让他演，他也会演，像个“人来疯”。遇到这种类型的孩子，就让他演，而且要先让他演，演完他才能消停。并且为了每一次表演后的掌声，他甚至会主动积极地学习。但还有一类孩子内向、胆小，在生人面前会紧张，一方面是性格使然，另一方面可能是小时候安全感不好，家长最好不要为难这样的孩子一定要在人前表演，因为紧张演砸的可能性比较大。如果演砸了，即使大人再鼓掌，孩子自己也是知道的，这反而会增加他的自卑感和恐惧感，造成心理阴影，下一次更不愿意在人前展示了。

“我一定要培养出一个天才外孙”

素芬是个中学老师，退休后被单位返聘又工作了3年，原本还想继续干到60岁，结果女儿的产假到期，要去上班了，只好拜托她过来照顾孩子。

素芬的女儿知道妈妈是个事业型的老太太，就对她说：“妈，我知道您喜欢工作，不喜欢待在家里。但是您想想，您如果不帮我，我就要在家里带孩子，我比您年轻30岁，我也很想工作，这个工作机会您还是留给我，您就回家帮我带孩子吧。再说，您是老师，这样做并没有放弃工作，您以前只是教别人家的孩子，现在教自己家的外孙。以后您把小宝教得好，人家一问，这是谁带出来的外孙呀？是姥姥呀，您多有面子呀！”

真是知母莫如女，让女儿这么一说，素芬觉得也在理，就决定退休回家带孩子，教出一个聪明的外孙便成了她下一个人生目标。

孩子8个月，素芬就教他念《三字经》《弟子规》，2岁就开始学数数，学认字。3岁的时候，素芬已经给孩子布置了很多作业，一心想培养出一个天才外孙来。但真到孩子三四岁时，她发现孩子并没有她想象得那么聪明，这是怎么回事呢？

宝宝的大脑需要的不是知识而是刺激

有的祖父母是知识分子，他们非常重视孩子的早期教育，认为早期给孩子灌输越多的知识，孩子就会越聪明，甚至会成为天才，但有时因为方法不当，反而事与愿违。

孩子在0～6岁这个阶段，右脑比左脑更发达，形象思维比逻辑思维更好，潜意识的作用比意识的作用更强。所以，这个时候给孩子一个字一个字地念《三字经》，不如把《三字经》《弟子规》的音频用比较小的声音当背景音乐每天放给孩子听，这样在潜移默化中孩子的潜意识就会发挥作用，没准有一天大人读上句，孩子就会不自觉地接出下句。

这个时期，孩子的大脑需要的不是知识而是刺激。孩子看得越多，接触的事物越多，玩儿得越多，大脑接受的刺激就会越多，大脑中的神经突触就会连接起来。神经突触是会“用进废退”，不刺激就会退化掉，多刺激，孩子就会变得更聪明。

如果老人只是一味地让孩子学知识，不让孩子玩儿，一是会让孩子的神经突触接受的刺激少，变得不那么聪明；二来也会让孩子对学习提前失去了兴趣。

0～6岁这个阶段是培养孩子对世界产生兴趣的最佳时间，所以让孩子多玩，多尝试。在玩儿的过程中开发孩子的想象力、创造力、社交能力，才是大人应该做的事情。

“你看对门的哼哼做得多好”

哼哼家住在小宝家对门，两个孩子在同一个幼儿园，还在同一个班。每天从幼儿园放学回来，两个孩子都会聚在一起玩一会儿，今天在小宝家，明天在哼哼家。

这天，哼哼又来到小宝家，两个孩子商量决定一起画画。不一会儿，孩子们画完了，纷纷抢着递给小宝姥姥看，问自己画得好不好。小宝姥姥看看这张，再看看那张，然后指着哼哼的画对小宝说：“宝儿，你看人家哼哼画的茄子多像呀，紫紫的颜色，形状饱满真好看，你瞧瞧你画的茄子瘪瘪的，还是绿色的，我还以为是黄瓜呢！”

“姥姥，我见过绿色的茄子，茄子就是有绿色的。”小宝辩解道。

“你看，我一夸哼哼，你就不高兴，强词夺理。人家哼哼就是比你强，你要好好向人家学习。”姥姥很严肃地教育起小宝来。

过了几天，小宝妈妈从幼儿园接小宝回家，正好碰到哼哼，就对小宝说：“我们邀请哼哼去家里玩儿吧。”小宝没吭声，紧紧地握了一下妈妈的手。妈妈蹲下身子问小宝怎么了，小宝趴在妈妈耳边小声地说：“妈妈，我不想和哼哼玩儿了。”

“为什么呀？你们不是好朋友吗？”妈妈不解地问。

“每次和他在一起玩儿，我都不开心。姥姥总是拿他和我比，每次都夸他好，说我不好。”

“哦，是这样呀，那妈妈改天和姥姥好好谈谈。”

别让孩子成为比较的牺牲品

中国的父母，尤其是老一辈的祖父母，一直秉承着谦逊的美德，即使自己的孩子做得比别人好，也是暗自窃喜，表面上也一定要装出孩子不够好，以示谦虚。如果自己的孩子做得不如别人，一边心里着急，一边还会不分场合、不考虑孩子感受地直接批评孩子。

中国长久以来的应试教育，让“中国式比较”根植于每个家长的心中。从孩子出生的那一刻起就开始比斤数、比胖瘦、比聪明、比情商，一路比下来。只有极少数的孩子因为家长的比较激励了自身的上进，更多的孩子是在比较中丧失了自信和自尊。因为孩子还小，他的自我认知还没有发展好，这个时期孩子对自己的认知更多地来自他人的评价，尤其是家长的评价。如果他得到的都是负面的评价，他不会意识到这是自己家长的谦虚，他会认为自己就是不够好。有时大人无意识的一句比较会成为孩子一生都挥之不去的心理阴影。

有一句话叫作“小时候被父母喜欢的人，会自带光芒，长大以后更有可能成为人生的赢家”。在童年时期，父母、家人是孩子的全部，他们的认可，会奠定孩子一生自信的基础。

其实，自打孩子懂事后竞争就无处不在，孩子自己就自然会在社会化的过程中知道自己的位置，做家长的实在没必要再去强化它。大人要做的就是守护孩子的本色，呵护孩子的独特，帮助孩子找到他自己没有发现的闪光点。在孩子处于优势的时候，告诉他下一步具体的努力目标是什么；在孩子处于劣势的时候，告诉他每个孩子的禀赋不同，他会在其他的方面更有优势，即使在这个他不怎么擅长的领域里，只要稍加努力，也会比之前做得更好。

这样，孩子即使在不得不面对的比较中失利了，获得的也不光是沮丧，更多的是能够提高自身的信心。长此以往，孩子今后即使经历失败，也不会一味地陷入低落情绪中，而是会释怀并找到解决问题的办法。

每一个孩子都是熠熠发光的独立个体，有着与生俱来的个性特征，以及因各自不同的家庭教养环境所形成的不同形态。孩子之间没有可比性，孩子只需要和自己的过去、现在和未来比，不必和其他人比。

“你妈走了，她不要你了，她是个坏妈妈”

浩浩5岁的时候，爸爸妈妈因为感情不和离婚了。由于浩浩从小是奶奶带大的，奶奶坚决不让儿媳把浩浩带走。尽管对亲生儿子有着无尽的不舍，但为了顺利离婚，浩浩妈妈最终还是在万般无奈之下放弃了儿子的抚养权，浩浩被判给了爸爸。此后，浩浩便和奶奶、爸爸生活在一个屋檐下。

每当看到幼儿园里别的小朋友被妈妈接走，和妈妈亲热的样子，浩浩就会分外想念自己的妈妈。有一次睡觉前，浩浩伤心地问奶奶：“奶奶，我妈妈呢，她怎么不来看我呀？”

奶奶没好气地说：“你妈妈是一个坏女人，她和你爸离婚了，她走了，不要你了，也不要这个家了。浩浩，你不要想她，以后也不要去见她，你就和奶奶、爸爸一起过。奶奶会把你养大，奶奶会好好疼你的。”浩浩听完奶奶的话什么也没说，乖乖地爬上床，自己睡觉去了，他用被子捂住了头，默默地流着眼泪，想着妈妈。

很多个夜晚，浩浩在梦里梦见了妈妈，可刚要和妈妈拥抱时，妈妈就不见了，每次他都会从梦中哭醒，醒来后要难受好久。

浩浩是个特别懂事的孩子，他知道奶奶不喜欢自己提起妈妈，便把对妈妈的想念默默地埋在心里，表面上更加讨好奶奶。他很怕如果有一天自己表现不好，奶奶也会不要他，把他扔下不管，那他可真就成了没人要的孩子了。

每次奶奶出门浩浩都会缠着奶奶说："奶奶，奶奶，你带上我吧，我要和你一起去。"奶奶有时很纳闷儿：这孩子怎么这么黏人呀？

让孩子恨妈妈，与其说是对妈妈的惩罚，不如说是对孩子的惩罚

每个孩子的身体内都流淌着父亲、母亲的两股血脉，孩子本能地需要和父母双方连接，这是一种最自然的状态。

如果祖父母叫孩子仇恨自己的一方父母，就相当于让他在仇恨自己身体里的一半，这样孩子的内在就会发生冲突、会拧巴，然后会发生种种奇怪的行为，因为他不爱自己了。

对一个孩子来说，这世上最大的伤害就是被抛弃，尤其是被亲生父母抛弃，他在恨妈妈的同时也会有一种绝望和自责。他心里会说："我是有多么不好，连我的亲生妈妈都不要我。"

对于这位奶奶来说，她的初衷一定是爱孙子的，否则不会拼死护住孙子的抚养权。可是奶奶的这种说法会让孙子的内心产生分裂，出现自我不认同，严重的还会产生心理障碍，这一定不是奶奶希望看到的。所以不管大人之间发生什么矛盾，都不要让孩子去恨自己的父母，哪怕父母一方真的在婚姻中有过失。因为那样做，伤害的不仅仅是大人，更是孩子。

对于离异家庭来说，如果父母还能像朋友一样相处最好，如果做不到，也起码允许孩子去见另一位家长，尽量不在孩子面前说对方的不是。这样做并不是为了道义上的高尚，而是，如果不这样做，孩子会因为仇恨而产生很多心理问题，并由此导致行为偏差，这将会让这个本就破碎的家庭更是雪上加霜。

“我家缺女孩，就把孙子当女孩养”

惠英今年65了，当奶奶也有好几年了。但是惠英总觉得上天对她不公平，她此生那么想要一个女孩，却一直未能如愿。

年轻的时候盼着生个女儿，结果生了两个儿子，这回儿媳怀孕，她盼着能得个孙女，结果还是个孙子。惠英不死心，想让儿媳再生一个，没想到儿媳当场拒绝了。

惠英就想，我没有得女孩的命，那就把孙子当孙女养。你还别说，惠英的孙子长得还真有几分女相，皮肤白白的，眼睫毛又密又长，活脱脱一个姑娘相。

这天，小两口儿出门上班了，惠英就开始倒饬小孙子。先是给他脑门上点了一颗朱砂痣，再给宝宝涂个红嘴唇，最后扎个冲天辫。打扮完毕，她带着宝宝来到自己的房间，从衣柜里找出了一条小连衣裙，给孙子穿上，然后让孙子对着镜子左转转，右转转，再翘个兰花指。

惠英一边用手机给孩子照相，一边不停地夸赞着：“太漂亮了，宝宝真是太漂亮了，你要是个女孩该多好呀！真是可惜了，没关系，奶奶就把你当女孩养。”

正在这时，儿媳突然提前回来了，看到眼前这一幕她惊呆了。

“妈，您这是在干吗呢？您怎么给他打扮成这样？他是个男孩！我说呢，最近他怎么总跟个女孩似的扭扭捏捏的。快快快，赶紧脱下来。”

惠英自知理亏，只好给孙子换回了背心、裤衩，但她好不甘心。

不要因为大人的喜好而让孩子产生性别角色混乱

大人因为自己的喜好，把孩子装扮成与其原本性别角色相反的模样，这种现象并不罕见。这些人总认为孩子年纪还小，意识不到什么，没关系，好玩儿而已。

其实，这种做法非常容易使孩子发生性别角色认同上的混乱，阻碍孩子性别意识的正常发展。这样的后果会让男性孩子长大后女性化，即人们俗称的“娘娘腔”，或女性男性化，就是经常说的“女汉子”。所以，家长要按照孩子原本的性别来打扮孩子，不要因为自己的喜好而扭曲了孩子的性别意识。

另外，如果一个男孩，周围的主要监护人都是女性，也很容易发生男性女性化的现象，因为他所接触的人和事物都和女性有关，耳濡目染下就会失去男性的阳刚本色。因此，父亲的频繁在场会对男孩的性别认同起到很好的作用。

“在咱家你就是大王”

跳跳奶奶是院里出了名的“惯孩子”。无论跳跳要什么，她都会无条件满足，无论跳跳做什么，她也会无条件支持。

跳跳小时候和小花猫一起玩，玩着玩着，一不小心磕到了茶几的腿上，奶奶就抱起跳跳一边为他擦着眼泪一边用手打着桌子说：“让你这个破桌子磕我大孙子，打你，打你！”然后转头对跳跳说：“宝贝，奶奶替你出气了，我们不哭了啊。”跳跳好像没解气，又踢了桌子一脚才算罢休。

有一次，跳跳打游戏一气打了2小时，奶奶想起儿媳嘱咐过，小孩子打游戏不能超过20分钟，就把手机拿开了。跳跳又哭又闹：“我说要玩就是要玩！”奶奶见势头不好，马上把手机还给了孙子。

还有一次，奶奶带跳跳去小朋友家参加生日会，小朋友的妈妈做了鸡翅，跳跳一个人就吃了6个，根本不顾其他小朋友有没有吃到。当跳跳奶奶看到小朋友的妈妈面露难色的时候，有点儿不好意思地说：“大宝在我家就是大王，他习惯什么好吃的都紧着自己一个人吃了。”对方家长也只好尴尬地笑了笑。

合力养育第一大杀手——“惯孩子”

祖父母惯孩子是个非常普遍的现象，要改变这一现象可以试试以下的办法。

1.不搞特殊化。在有些家庭，孩子在家中的地位最高，家里的一切都以孩子为中心。这样的孩子长大后会非常自我，也会因为自我而没有朋友。要让孩子从小就知道，他只是家里众多成员中的一分子，而不是唯一。同时，让孩子感受到家庭成员之间的爱和温暖，爸爸如何爱妈妈，奶奶如何爱爷爷，爱是相互的，而不是都针对他一个人的。

2.不当面袒护。父母在孩子心中要有权威感，尤其是父亲。如果父母一管教孩子，老人就上前袒护，不仅会让孩子钻空子，还会影响老人和子女的关系。即使当时子女的做法不合适，老人也要忍一下，事后再和儿女说。有时年轻人本想就发生的事情教育孩子一下，却因为老人阻拦，反而把对老人的不满情绪也都发泄到孩子身上，这样对孩子也不利。

3.容忍哭闹。大人可以不满足孩子，但孩子也有哭的权利，大人只要坚持原则，孩子的哭闹是会停止的，并且一次会比一次时间短。

4.培养孩子的同理心。3岁左右的孩子，在道德水平上有个特点，就是泛灵化，认为万事万物都有生命。他们把所有事物都拟人化，大人们正好可以利用这个特性来教育孩子。大人可以告诉孩子：“磕着了，是宝宝不小心，不是桌子的错。桌子它没有动，是宝宝在动。宝宝疼，桌子也会疼，下次我们小心点。”然后给孩子揉揉，让孩子也给桌子揉揉。反之，如果任何让孩子不高兴的事情都是对方不好，孩子长大后就会学会指责，推卸责任。摔了是地的错误，不爱吃饭是妈妈做的饭不好吃，不爱上学是老师不好，不爱考试是教育制度的问题，结婚后吵架甚至离婚也都是对方的责任。

被祖父母“惯”大的孩子是任性的，是以自我为中心的，任何事情都是从自我的角度看问题。被溺爱的孩子内心是空洞的，经常会用愤怒来控制别人，所以愤怒特别多。而且，他们在一次次地得到暂时满足的同时，丧失的是永久的自省能力。因此，爱孩子但千万不要惯孩子。

“反正我们是男孩，怕什么”

下午3点半，奶奶要到学校接孙子陶陶放学。

这天，她早早地来到学校门口，看见很多家长神神秘秘地围在一起好像在讨论一件什么事情。陶陶奶奶好不容易挤了进去，侧着耳朵听了起来。

大家在说有孩子参加了一个夏令营，其中有两个小女孩被教练性侵的事情。家长们你一言、我一语，讨论得很热烈。

“这世道坏人怎么这么多，以后谁还敢把孩子放出去，看来还是放在家里放心。”

“是呀，是呀，我们都是女孩，可得从小教她们怎么防范坏人，否则不仅会吃亏，而且还很危险呢！”一位家长说。

“就是就是。”众人附和着。

这时，陶陶奶奶看见有一个妈妈从围观的人群里挤了出来，便也跟着出来问道：“您怎么出来了？”

那位妈妈随口说了一句：“反正我们家是男孩，跟我们也没关系。”

陶陶奶奶想了一下，一歪头说：“是呀，我们家也是男孩，男孩就是好，不用操这方面的心。”说着两人一前一后走出了人群。

对男孩进行性安全教育同样重要

和校园霸凌一样，关注“性侵”这个话题的往往是被欺负孩子的家长。他们急切地寻求着自己孩子不被欺负的各种方法和策略。而那些欺负别人孩子的家长却少有对这个话题感兴趣的，他们甚至会在心中暗喜：我家孩子厉害，不会被欺负。而恰恰这样的孩子终有一日可能会因为欺凌别人而受到法律的制裁。

同样，抱着我们是男孩，不会被欺负，不需要对孩子进行这方面教育心态的家长也不会意识到，或许有一天，自家的男孩也会被性骚扰，或者自家孩子长大后就是侵犯女孩的那个人。等到那时，所有的懊恼都为时晚矣。

所以，当自家男孩6岁上小学以后，就要对他进行一些性知识、性安全的教育。比如，不可以在公共场所裸露自己的身体，不可以让外人触摸自己的生殖器，一旦有人这样做，要及时告诉老师或自己的爸爸妈妈。还要告诉男孩尊重周围的女同学，和女同学保持应有的距离和礼貌。男女有别，男女应有界限。上了小学以后，再喜欢的女孩也不可以用动手动脚的方式来表达喜爱和亲热，不可以掀女孩的裙子，不可以用脏话辱骂女孩。这些内容和教育女孩学会保护自己同等重要。

其实，教会男孩尊重女性，又何尝不是对男孩的一种自我保护呢？因为有时男孩过界的行为会被误认为是耍流氓而遭到责骂或殴打，而他自己还全然不知道错在哪里了。就如同前不久媒体曝光的某名人对女性摸大腿，他居然认为酒后这样的行为很正常。这时候，没有人会因为小时候大人没有告诉过他这些而原谅他，他终会受到法律和道德的制裁。

所以，对于一个男孩来说，尊重女性和保护自己同样重要，给予孩子一些正确的性安全教育是非常有必要的。

“孩子把书读好就行了，学什么艺术呀?！”

程奶奶的儿子结婚晚，程奶奶都快70岁了，孙女才5岁。

程奶奶看着儿媳今天给孙女报一个美术班，明天报一个声乐班，心里很不痛快，认为这是浪费钱。孩子那么小，正经字都不认识几个，学什么艺术呀，这几万块钱的学费不全都打水漂了吗?

程奶奶心里想：我小时候是没钱上学，上到初中就算高学历了。等到儿子总算上了大学，可从幼儿园到高中也没花几个钱。轮到这个小孙女怎么那么烧钱呢?从2岁就上亲子班，3岁开始报各种兴趣班。学个美术，就在那个纸上乱涂乱画40分钟，也没看画出一样正经东西，200块钱就没了。

程奶奶好几次对儿媳说：“这孩子以后把书读好了，能考上个大学就行了。这些个没用的东西就别学了，又花时间又烧钱，再说，咱家也没那个基因，学了也当不了画家、音乐家。”

可是儿媳根本不听，依旧我行我素，这让程奶奶心里很不舒服。

艺术素养的提升会让孩子更有幸福感

曾经有句话叫作：“学好数理化，走遍天下都不怕。”所以对于很多老人，甚至老年知识分子来说，让孩子学好科学就可以了，因为科学代表所有的文化。

其实不然，理性的科学素养可以让一个人具备获得生活、生存的能力，但他没有体验和感受幸福的能力，而这种能力更多的来源于一个人的感性素质，比如对艺术的理解、对审美的追求。

为什么有的人房间如此脏、乱、差，却浑然不知？因为这是审美教育的缺失带来的破坏。为什么有的人工作上非常出色却在音乐会上呼呼大睡？因为不懂，所以无法体会那种享受音乐的幸福感。

随着社会的发展，人们的生活已经步入了小康水平，不再是只求温饱的时代了。人们面对的是一个消费升级的时代，不再是只讲功能化的时代了。同样，现在的孩子也步入了一个全面素质竞争的时代，不再是只会做题就可以的时代了。

20世纪50年代不识字叫“文盲”，80年代没有上过大学叫“没文化”，如今没接受过艺术教育的孩子叫“没品位”。时代不同了，如今艺术教育的普及就像当年扫盲一样重要，所以老一辈的祖父母们不应该恪守固有的老观念，时代在发展，对孩子的要求也在发展，符合时代标准的教育才是最好的教育。

孩子一定要学会分享吗

倩倩4岁了，是个非常文静、大方的女孩。每次有小朋友来家里玩，她总会主动把自己的玩具拿出来给小朋友玩，家里人都夸奖她是一个懂得分享的好孩子。

这天，隔壁的侯奶奶带着小孙女芳芳来倩倩家玩，倩倩抱着一只白白的毛绒大熊出来迎接。一开门，芳芳就瞄上了毛绒大熊，一把就要抢过来玩。但是这天倩倩却没有像往常那样乖乖地把大熊让出来，而是紧紧地抱在怀里不撒手。

站在一旁的奶奶脸上有点儿挂不住了，心想：这孩子今天怎么了？怎么会这么不懂事呢？接着她对倩倩说："倩倩，妹妹是客人，我们把大白熊给妹妹玩一会儿好吗？"

倩倩紧闭着双唇，表情有些紧张，她不仅没撒手，反而更紧地抱住了大白熊。奶奶看见孙女不听自己的话，有点儿尴尬，很怕以后传出去，街坊四邻会说自己带出来的孩子小气，都不知道分享，会说自己"护犊子"、教育无方。奶奶想到自己是一个老教师，不能这么惯着孩子，于是上前一把夺过倩倩手里的大白熊，塞到了芳芳的手里。

倩倩被奶奶这一突如其来的举动吓了一跳，等缓过劲儿来，才发现大白熊已经在芳芳手里了。倩倩“哇”的一声大哭起来，扭头跑进了自己的小房间，把门“砰”的一声撞上就再也不出来了。

直到晚上妈妈回来了，才把倩倩哄了出来。一问经过妈妈才知道，原来大白熊是爸爸去年出差时特地给倩倩带的生日礼物，倩倩已经很久没见到爸爸了，她不愿意把爸爸给自己的生日礼物分享给其他小朋友玩，她要一直抱着大白熊，就像搂着爸爸一样。

不要强迫孩子做形式上的“伪分享”

让孩子学会分享是家庭教育中非常重要的一个话题。

传统的教育观念常常强调要孩子谦让，因此强迫孩子分享是生活中很多老人，特别是那些自认为受过良好教育的老人常做的一件事，就像倩倩奶奶这样。那么这样做有什么不妥呢?

1.大人不能因为碍于自己的面子强迫孩子分享。违背孩子本意的分享是“伪分享”，这种分享让孩子既不心甘情愿，也没有在分享中产生愉悦和满足，这不是真正的分享。

2.不必要求孩子将所有的东西都拿来分享。大白熊是倩倩爸爸给的生日礼物，倩倩特别珍惜、在意，孩子特别在意的东西是可以不分享的，否则就是对孩子的不尊重。

孩子在3岁左右开始有了物权意识（物权意识的典型表现为：孩子常常说“这是我的”“那是我的”，什么都不想和别人分享）和社交意识，家长可以教孩子分享。会分享的孩子更容易建立良好的人际关系。孩子小的时候不愿意分享并不是自私的表现，而是物权意识还没有建立好，他认为分享了自己就没有了，所以不愿意分享。3岁是孩子对物权安全感的发展期，他刚学会区分什么是你的，什么是我的。因此，这个阶段家长不要用强硬的方式来遏制孩子对自己东西的保护心态。

在分享这种行为的发展过程中，所有孩子都会经历先独占后分享的阶段，而物权意识是分享的前提。培养孩子的物权意识不仅可以让孩子在日后更好地分享，也会让孩子拥有自尊、自主的意识；在懂得珍惜自己物品的同时，也学会尊重别人的物品。

当孩子不想分享自己心爱的物品时，要尊重孩子，尊重他们作为一个独立人的意愿。强迫分享对已有物权意识的孩子来说是对其自身利益的剥夺。当孩子有主动分享的行为时，要鼓励他，让孩子说出分享后的感受，并让孩子体会到那份愉悦以及分享给自己带来的好处。

当孩子真正体会到分享是一件快乐的事情的时候，他就会爱上分享。

第三章

3

掌握科学育儿新理念

“我是早产妹妹，姥姥说这些我都不能做”

在幼儿园里有个叫“喜宝”的女孩，大家都叫她“早产妹妹”。

老师让小朋友去做游戏，就她不去。老师问她为什么，她说：“老师，姥姥说我是早产儿，不能做剧烈运动。”

老师给小朋友盛汤，就她不喝。老师问为什么，她说：“老师，姥姥说我是早产儿，不能被烫着。”

老师让小朋友中午做课间操，就她穿着厚厚的羽绒服，老师让她脱了，她死活不脱。问她为什么，喜宝说：“老师，姥姥说我是早产儿，不能被冻着。”

下午，小朋友们自由活动，老师发现别的小朋友都三三两两的一起玩，只有喜宝一个人玩。老师走过去问喜宝为什么不和其他小朋友一起玩，喜宝说：“老师，姥姥说我是早产儿，小朋友们都应该让着我，可是他们都不让着我，我就不想和他们一起玩了。”

为了改变“早产妹妹”的这种什么都不能做，什么都要别人让着她的情况，老师调查了幼儿园所有孩子的出生情况。按照他们在母亲肚子里的时间给孩子排了队，“早产妹妹”排到第四名，这说明前面还有三个孩子比她出生更早。但是他们因为没有喜宝姥姥这样的不良暗示，像正常孩子一样参加所有活动，他们看上去都要比“早产妹妹”健康得多。

对特殊儿童最好的呵护就是让他们像正常孩子一样生活

生活中，人们会遇到一些孩子出生时早产或者患有先天性疾病，因此得到家人格外的关注和疼爱，但这种疼爱会让孩子感觉到他和别人不一样。

这种不一样有可能会让孩子感到自卑，也有可能养成唯我独尊的心理。“因为我有病，你们大家就应该都让着我”，久而久之，这种生理上的疾病就会演变成心理上的障碍。

所以，对待有先天性疾病的孩子，最好的呵护就是让他们像正常孩子一样生活、学习，不把他们特殊化，不给他们不良的心理暗示，这样孩子才会发展得更健康。

“谁敢把我家孙子摔了，我就炒谁的鱿鱼”

天天爷爷是山西大同的一个“煤老板”，他家附近方圆几百里住着的都是他的员工。

天天妈妈是这一带最漂亮的女子，在21岁的如花年龄，就嫁给了当地的一个富二代，也就是天天的爸爸。小两口儿结婚后，公婆天天催着要抱孙子，在爷爷60岁的那天，天天出生了，全家皆大欢喜。

老两口儿把他们认为世上最好的东西都给了孙子天天，对天天是呵护有加。天天出门有4个保镖护卫，日常起居有2个保姆照顾，再加上爷爷奶奶，天天身边每天有8个人围着他转。

年轻的爸爸妈妈看到这么多人在照顾自己的孩子也就放心了，很少参与到孩子的养育中，就像没生孩子之前一样，每天在外面尽情地玩。的确，当初公婆也答应过他们，他们只负责生，至于养育完全不用他们操心。

等到天天刚会走的时候，有一次保姆没看住，天天摔了一跤。奶奶见状大发雷霆，当下把那个保姆辞退了，并放话说：“今后谁要是敢把我孙子摔了，我就炒谁的鱿鱼。”从此，保镖和保姆谁都不敢让天天多走一步路，每天都紧紧地把天天抱在怀里。天天的所有物品也分别由保姆和保镖拿着。

直到天天2岁的时候，天天妈妈发现别的孩子都会小跑了，天天连路都走不稳，才开始着急，到处咨询孩子是不是得病了。经过医生的检查，孩子什么病也没有，就是发育迟缓，而这种迟缓就是因为不给孩子锻炼的机会造成的。

有一种伤害叫无微不至

这世上没有缺乏独立性的孩子，只有扼杀孩子独立性的家长；世上也没有以自我为中心的孩子，只有以孩子为中心的家长。

过度的呵护，无微不至的关心，只会延缓孩子的正常发育，让孩子丧失本应具备的活动能力，最后在群体中被淘汰。

孩子1岁左右应该学习走路，动作发展的好坏影响其心理的发育程度。独立行走对一个孩子来说有着非常重要的意义。

首先，孩子的躯体移动从被动转为主动，才使活动具有了一定的主动性。第二，主动行走可以扩大认知范围。第三，主动行走还可以增加与周围人交往的机会。

爷爷奶奶因为怕孩子摔倒就不让孩子独立行走，不仅使孩子丧失了行走的能力，也使孩子丧失了因行走而带来的其他能力的增长。

在孩子小的时候，有很多潜能是需要家长去开发的。有一个国外的视频对我们很有启发，一个1岁多的孩子早上起来自己把安抚奶嘴摘下，爬到盥洗台上刷牙漱口，然后再向浴缸里放水，水满后自己爬下去洗澡，洗完后拿浴巾擦干身体，穿上纸尿裤、上衣、牛仔裤和毛衣，再把换下的纸尿裤扔进垃圾桶。接着给狗喂食，狗狗吃饱后，带着狗狗出去遛弯，妈妈一直在旁边一路引导拍摄。这说明，只要放手让孩子去做，孩子的能力超乎想象。而在中国，越是条件好的家庭越是不让孩子做事，因为他家孩子太“金贵”，不能磕着碰着，家长包揽了孩子的一切，甚至包括吃饭、走路。

大人一定要清楚，呵护是因为爱，但过度呵护的结果就是伤害。大人对孩子真正的爱是要让孩子今后具备一定的生存能力。

大的应该让着小的吗

翠屏的儿媳生了老二后，实在忙不过来，便打电话让婆婆从老家来帮忙。翠屏一听倒也高兴，很快答应了："没问题，我这两个儿子小时候都是我一手带大的，带孩子对我来说轻车熟路。"可是真到了北京，开始带这两个孙子，她才发现如今带孩子真没有以前那么容易。

这天，翠屏在卫生间洗衣服，让5岁的哥哥带着3岁的弟弟玩一会儿。不到10分钟，衣服还没洗完，她就听见客厅里大的喊、小的叫，翠屏赶紧擦干手跑了出来。

"你们这是怎么了？"

"奶奶，他抢我玩具！"老大告状。

"你是哥哥，你比他大，你就该让着弟弟点儿。弟弟那么小，他喜欢，你就给他玩嘛！"翠屏说着就把玩具从哥哥手里夺了过来，塞到了弟弟的手上，然后抱着弟弟说："好了，好了，别哭了，你玩吧，玩吧！"

这边哥哥不高兴地背过身子不说话了，翠屏也没在意。

晚上，两个孩子睡下后，儿子来到翠屏的房间对她说："妈，以后您别老让大宝让着二宝了！”

“怎么了，这有什么问题吗？从小你和你哥打架，我不都是让你哥让着你的吗？”

“是，不过那是过去。现在和过去不一样了。大宝晚上和他妈说了白天的事，心里可委屈了！”

“呦，这小子还会在他妈面前给奶奶告黑状了？”翠屏心里有点儿不舒服。

“不是，孩子肯定也是委屈了。我就是来提醒您，下回两个孩子要一视同仁。现在不兴叫老大让着老二了！”

“嘿，这还真怪了。你哥都让着你一辈子了，到你这儿，不兴让着了？”翠屏看着儿子问。

“或许我哥也委屈了一辈子呢？只是您不知道。”儿子丢下的这句话让翠屏思忖了许久。

大的不需要总让着小的

在面对两个孩子的时候，大人会有种本能，那就是更多地呵护弱小、容易受伤害的孩子。一般老二出生的时候，老大往往都开始满地跑了，相对于一个三四岁或者更大一些的孩子来说，刚出生的新生儿肯定会得到大人更多的照顾，久而久之，对二宝给予更多的呵护也就成为一件很自然的事情。

当老大和老二发生争论时，还要不要像以前那样一贯要老大让着老二呢？这种事情要分情况而论。

1.如果总体来说老大是接受老二的，偶尔为一件玩具或一点小事发生争执，我们让老大让着老二是可以的。

2.如果老大不接受老二，老二的出生让他有了严重的被剥夺感。那么大人就要更加在意老大的感受，如果此时再让老大让着老二，老大心里的受伤程度会更大。

3.有时小冲突、小争执可以让孩子们自己解决，大人看见了就当没看见。被抢、被拒绝都是生活中孩子们要经常面对的事情，相信他们自己有解决和平衡关系的能力。有时候大人不公平的评判还会破坏原本很好的手足之情。

4.有的老人思想里还有重男轻女的意识，如果老大是女孩，老二是男孩，更会要求姐姐让着弟弟。其实，有时人们越照顾姐姐的感受，姐姐反而会越照顾弟弟。

“这熊孩子就不穿我给她准备的衣服”

朱奶奶是个穿着很有品位的老太太，要不是为了看孙女，她早就报名去参加老年模特队了。

朱奶奶平时最爱干的事情就是逛商场，特别是逛童装区。看着那些五颜六色的漂亮小衣服，她就走不动路了，每每都会买回一大堆漂亮的衣服给小孙女。被奶奶打扮得像个洋娃娃一样的小孙女总会引来周围邻居的一片赞扬声，这让朱奶奶很有成就感。

可最近不得了了，小孙女不爱穿朱奶奶搭配好的衣服了，非要自己找衣服穿不可，上面一件黄毛衣，下面要搭一条红裤子，这简直就是西红柿炒鸡蛋的配色。朱奶奶怎么可以容忍，但执拗的孙女就是不听，一老一少为一件衣服能冷战一个小时。

星期六，朱奶奶给孙女拿出一件粉色的毛衣刚要给她套上，孙女一把扯下来说：“不穿！我今天要穿冰雪女王爱莎的那件公主裙！”

“宝宝，现在是冬天，怎么能穿裙子呢？不可以！”

“就穿，就穿！你不给我穿，我就不出门！”气得朱奶奶扔下小孙女，自己去厨房了。

半个小时后，朱奶奶回来，透过门缝发现小孙女真的自己翻箱倒柜找出了那条蓝色的纱裙，穿在身上，站在镜子前扭来扭去的臭美呢！

孩子可以自己选衣服

从孩子的心理发展来看，一般孩子到了3岁以后，都愿意自己去选择衣服，无论男孩还是女孩。他们对衣服的颜色、样式开始有了自己的偏爱，这是一种心理成长的表现，而不是一味的任性，做家长的不必过于生气。遇到这样的情况家长不妨这样做。

1.接纳孩子。如果孩子自己选的衣服没有太出格，家长不妨给孩子选择的自由，让他穿自己选的衣服，他会特别开心，如果得到大人的认可，孩子也会慢慢建立自信。

2.给孩子选择的空间。有的孩子早上上幼儿园前就是不穿大人给自己准备好的衣服，两厢争执特别耽误时间，家长常常还会发脾气打孩子。不如在前一晚给孩子准备出3套可以选择的衣服，让他自己选择明天穿哪套，这样既尊重了孩子，也节省了时间。

3.教孩子如何搭配颜色。在孩子挑选衣服的时候给孩子讲一些色彩搭配的知识，从小培养孩子的审美。

4.让孩子自己承担后果。有的女孩非要在冬天穿裙子不可，有的男孩一定要在夏天穿羽绒服，他们年龄小，还没有冷热的概念，如果实在说不通，可以让孩子试一试。他们只有直观感受到冷热，以后才会选择合适的衣服，听取大人合理的建议。

“奶奶，我真的不喜欢弹琴”

孙奶奶一直是一个“重女轻男”的老太太。这回儿媳终于不负众望生了一个漂亮的孙女，孙奶奶那叫一个开心。她把对一个小囡囡所有的期待都放在了孙女身上。

孙女4岁的时候，孙奶奶就用自己多年的积蓄给孙女买了一架钢琴，还把一年学琴的费用都交了。她觉得现在生活条件好了，她要为孙女进行艺术投资，同时也圆了自己儿时的梦想。孙奶奶从小就喜欢弹琴，因为当时家里穷，买不起钢琴，自己成为钢琴家的梦想破灭了。现在经济条件好了，一想到可以和孙女一起练琴，孙奶奶别提多高兴了。

刚开始学琴，孙女还表现出很有兴趣，每天都回来练琴，弹得也不错。可是半年过去后，谱子越来越难，老师对指法的要求也越来越严格的时候，孙女就表现得很不耐烦，回家不好好练琴，每次上课都被老师批评。

孙奶奶看着自己的钱就这样如流水般哗哗地流走，心里那叫一个着急。孙女不仅琴弹得没什么长进，还经常因为弹琴和她吵架，扬言回家就看动画片，再也不弹那个破琴了。

孙奶奶每天看着那架2万多块钱的钢琴发愁，难道就让小孙女这样放弃了？自己儿时的钢琴梦就这样破灭了？孙奶奶好不甘心。

兴趣班的选择前提一定是孩子感兴趣

孩子3岁以后，家长都愿意给孩子报各种各样的兴趣班。在报兴趣班的问题上，家长常常会出现以下两种情况。

一是跟风。别人报什么，我们就报什么，唯恐别人家孩子学了，自己家孩子没学，落在人家后面，成了所谓的“输在起跑线上”。

二是圆梦。很多家长，包括祖父母愿意给孩子报兴趣班、陪上兴趣班，一部分原因是自己小时候没学过，希望通过看孩子上课、陪孩子练习，圆了自己儿时的梦想。

这两者都不可取。

孩子，有他自己的人生，既然是给孩子报兴趣班就应该着重于孩子的兴趣。

在选择兴趣班的问题上，家长可以通过平时对孩子的观察来判断孩子对哪些领域有兴趣，也可以带孩子去体验多个兴趣班，发现他的兴趣。但前提是那一定是孩子自己的兴趣，而不是别人家孩子的兴趣，也不是大人的兴趣。

孩子上了兴趣班后会出现一个现象——三分钟热度，上着上着就不想学了，常常半途而废。这也是正常的，因为孩子在探索期，兴趣也会随着年龄的增长而发生变化。让孩子坚持学一样东西可以从上小学再开始。

另外，在给孩子报兴趣班的问题上，可以遵循两大原则：

1.艺术和体育可以各报一个，这是一个孩子全面发展的基础。以前人们在智能和体能上更注重智能的发展，在理性和感性素养上更重视理性素养的培养。于是培养出了很多戴着眼镜的“豆芽菜”和只会数理化的“艺术盲”。

2.遵循6岁以前取长补短，6岁以后扬长避短的原则。家长如果用心关注孩子的话，都可以看出孩子自身的长板和短板。对于孩子的短板可以在6岁之前有意识地补一补，因为短板太短会影响日后长板的发挥。在补短板的时候，一定是和孩子自身比而不是和别人比，有意识的训练会让孩子的短板在一定程度上有所提高。比如，孩子协调性不好，可以在小的时候让孩子学习一段时间的舞蹈。而6岁以后，要尽量扬长避短，因为他在短板上再努力也比不过有天赋的孩子，反而会让孩子感到挫败。

最后一定记住，兴趣班是让孩子快乐的，为今后学习打基础的。切记不要让兴趣班破坏了原本很好的亲子关系和祖孙关系，更不要让兴趣班抹杀了孩子日后对其他学习的兴趣。

“孙子那么小，儿媳就要带着他到处去旅游”

十一黄金周，媛媛的女儿正好1岁了，媛媛和老公商量一家三口一起坐邮轮去日本、韩国玩一趟。自打怀孕到现在，媛媛已经有2年没有好好出去玩了。

可婆婆对此表示坚决反对。

“怎么又要出去玩？你们不记得了？上次周末，你们把孩子带到郊区去过夜，孩子那个哭，哭了一整宿都没有消停。回到家，我板了好几宿才好的。我跟你们说，这么大点儿的孩子不能老这么带出去折腾，你们没事，孩子折腾不起。”

“妈，你看人家外国人，孩子才几个月就抱着上飞机了。”媛媛说。

“是呀，我们在国外看皮划艇比赛，老外就把孩子放在座位下面，铺张报纸就睡了，哪像我们的孩子那么娇气。”媛媛老公接茬儿说。

“我们是中国人，干吗整天学人家外国人！要去，你们去，把孩子给我留下。”

“妈，媛媛这不也是好心，看您带孩子太累，让您也休息休息。”

“你们就别在这儿一唱一和的了，心意我领了，但是我坚决反对。等你们玩回来，上班了，把孩子往我这儿一扔。孩子又哭又闹又生病的，受累的还不是我一个人。除非你们玩回来后，第一个星期，你们自己带孩子。”奶奶的态度很坚决。

媛媛只好和老公相互做了一个鬼脸，放弃了这次带孩子出游的计划。

孩子太小，不要随随便便带出去“见世面”

在日常生活中，中国人的确不能完全仿照西方人带孩子的方法。因为西方人是自己带孩子，孩子一出生，父母就是放养的，孩子已经习惯了。可是中国的孩子平时是交给老人带的，孩子已经适应老人那一套精细养育的方式了，父母突然要带孩子出去长途旅行、过夜，的确需要慎重。

孩子在3岁以前神经系统还没有发育完好，频繁更换主要监护人和主要居住场所，会破坏孩子的安全感，孩子不仅不会锻炼得胆大，反而会被各种不熟悉吓到，变得更加胆小。所以，在孩子1岁之前最好居住的地方是固定的，偶尔可以带孩子出去一趟，如果孩子反应不大，那可以再尝试。但若像文中提到的，出去一次回来折腾很久，就不要再频繁带孩子到外面住宿了。

另外，带孩子出去旅行，常常会因为赶飞机、火车而打乱孩子的作息时间。小孩子如果经常在晚上9点以后睡觉，会导致神经功能发育不健全，有的孩子甚至会频繁出现尿床的现象。

因此，带孩子出去旅行要根据孩子的年龄、性格、心理状态而定，1岁左右可以在周边玩儿，晚上尽量回到孩子熟悉的住所；2岁左右可以在监护人的陪伴下更换住所；至于长途的出国旅游，我建议最好还是在孩子3岁以后进行。

如果孩子性格外向，适应能力比较强，出门后没有什么不良反应，父母可以经常带出去。如果是那种一出去就有各种的不适应、哭闹、生病的孩子，那么就不要勉强，而是要循序渐进地带孩子出去玩。先在小区里，在相对熟悉的环境中和相互熟悉的小朋友玩；确认没有问题，父母或者祖父母（主要监护人）再一起把孩子带出去，这样环境变了，但人都是熟悉的，孩子会慢慢适应。如果一下子两者都发生变化，有的孩子就会适应不了，反而会破坏原本培养好的安全感。所以，当孩子出现强烈的不适应时，就不要再硬性锻炼了。

同样地，老人平时也要经常把孩子带到户外，让孩子接触不同的人、不同的环境和一些新鲜事物，孩子见得越多，经历得越多，适应能力也就会越强。这也可以为以后爸爸妈妈在节假日带孩子出门做好心理准备。

和外国孩子相比，中国的小孩太幸福了

老何家的外孙快2岁了。这个圣诞节，定居加拿大的女儿一家决定回国来看望父母。

一见到小外孙，老两口儿又是亲又是抱，喜欢得不得了。当天，老何亲自下厨，设家宴款待远道而来的女儿、女婿和小外孙。

上桌吃饭前，洋女婿给小外孙碗里盛了一些食物，然后把孩子放在婴儿餐椅上让他自己吃。孩子吃得满脸都是，勺子不好用，就用手抓，不一会儿桌上、地上已经狼藉一片。

老何看不过去了，离席来到宝宝跟前，端起饭碗上来就喂。不成想被洋女婿一把拉住，制止道："妈妈，让他自己吃。"老何忙说："孩子还小，这么吃，能吃进去几口呀！能吃得饱吗？"

"爸，妈，我们吃吧，真的不用管他，他吃不饱会说的。"女儿把爸妈叫了过来。

这顿饭两位老人根本没吃好，一直心疼地看着外孙这么乱七八糟地抓饭吃。外孙吃完了，女儿又给孩子冲了一瓶奶，外孙就地躺倒，举着奶瓶喝了起来。

“哎呀，这么喝会呛着的。”老何忙上前阻止。

“不会的，他已经习惯了。”女儿说。

“闺女，你们这样带孩子不行，孩子太遭罪了，这么比起来，我们中国的孩子要幸福多了，家长们都让孩子吃好、喝好、睡好，养得白白胖胖的。这样吧，这几天你们刚回来，到处去转转，孩子就交给我们带，保准给你们带得好好的。”洋女婿刚要说话，女儿对他使了一个眼色，点头同意了。

老两口儿如获至宝，他们把所有的好和爱都给了这个混血外孙。

3天后，女儿女婿来接孩子，发现孩子不肯走路了，一直要姥姥抱着，一刻都不能放下；孩子不吃饭了，姥爷就一直追着喂。洋女婿无奈地对老婆耸耸肩：“我说不要让他们带，你非不听，这是爱吗？”

转眼10天的假期到了，女儿、女婿带着孩子要回加拿大了。老两口儿恋恋不舍，含泪相送，真不忍心小外孙被他们带走去“折腾”。女儿走后，老何就病了，茶不思、饭不想。每天她都把小外孙的玩具摆满一桌，就这样静静地看着，然后默默流泪。

一周后，老何夫妇接到女儿的电话，说他们带着孩子开车去加拿大南部玩了。老何更是吓得心惊肉跳：“这么大点儿的孩子，你们就带他上高速，还开得那么快，我那可怜的外孙呀！”那边却传来一家三口欢乐的笑声。

“幸福”的背后是独立性的退化

现在，跨国婚姻越来越普遍。如果谁的家庭里出现了跨国婚姻，那么比其他家庭可能更多了一份困难，就是文化差异。

首先，家里人要了解这位新的家庭成员所在国的文化背景，然后和自身的文化做比较，看看能接受多少，不能接受多少。一种关系可以和平相处的关键就是三条：承认差异、接纳理解、相互包容。西方人的边界感和中国传统的血浓于水的观念大相径庭。人们在希望对方接受亲情的同时，也需要尊重对方的边界感。另外，外国人带孩子看似“不太负责任”，实则他们是在锻炼孩子的独立生活能力。

中国的祖父母生怕孩子累着、苦着，任何事情都包办代替、呵护备至。但是，孩子长大后的独立生存能力、社会竞争能力都会弱很多，这种所谓当下的“幸福”换来的是孩子独立生存能力的退化。

因此，在两种育儿文化冲突的情况下，要以孩子父母的养育方式为准，毕竟那是他们的孩子。

“最喜欢姥姥给我喂饭了”

咪咪已经5岁多上幼儿园大班了。平时无论在幼儿园还是在家里完全可以自己独立吃饭。可是这天非要姥姥喂她吃饭不可。姥姥非常乐意，祖孙俩就这样你一勺、我一口地吃了起来。

咪咪妈妈在一旁看得很不舒服，就对姥姥说：“妈，孩子都多大了，您还这么喂她。您总这么惯她，她以后出去一点儿规矩都没有。别的家长都在培养孩子的独立性、生活自理，您倒好，还喂饭！”

一旁的姥姥既不反驳也不放弃，依旧一口一口地喂着。妈妈不好对姥姥发作，便把咪咪从椅子上拉下来，带到小屋关上门，质问起来。

“你平时都可以自己吃饭，为什么今天非要姥姥喂你不可？”

“因为我今天不开心！”

“你不开心？为什么？”

“因为今天我在幼儿园被小朋友欺负了，心里特别难受，我就想让姥姥喂喂我，因为姥姥喂我吃饭，我会觉得姥姥特别特别地疼我，我心里就好受多了。”

“那姥姥知道你受委屈了吗？”

“我没和她说，不过我猜姥姥应该会知道的。”

“为什么呢？”

“因为姥姥比妈妈更了解我！您总是对我说这个不许，那个不行，从不关心我高兴不高兴。姥姥就不一样。所以我更喜欢姥姥，我愿意吃姥姥喂的饭，也愿意看姥姥笑眯眯的样子！”

咪咪妈妈一下子愣在了那里，一直以来自己都以对孩子严格要求而感到自豪，今天却被孩子这样的一番驳斥震惊了。

祖辈偶尔的“纵容”正是祖孙俩爱的连接

如果父母在生活中是那种比较讲规则、讲章法的人，那么祖辈的些许纵容，对孩子而言未必是一件坏事。因为妈妈本就比较注重做事的规则以及做事的结果，会忽略孩子的感受和行为过程。倘若父母都是这样的人，培养出来的孩子很守规则、循规蹈矩，但有可能感受力不强，也不太会变通。还有可能他很优秀，但和父母不亲近。如果祖父母在看护过程中给孩子稍许“放纵”，会弥补孩子成长过程中的这一缺失。

1.两代人对待孩子的教育方法不一样，其实也没关系，孩子在父母这里学习的是生活、做事的规则、章法，在祖父母这里感受到的是爱的连接。

2.对于孩子来说，偶尔的小小放纵，会让他更开心，偶尔的些许俗气，会让他更生动、更真性情。

3.人上了年纪后，对很多事情的态度都要比年轻的时候更宽容，很多想法、做法也都会留有更多余地，俗话说的“老小孩儿”就是这个意思。很多时候，祖孙两代就像同盟军，他们在玩共同对付一个假想敌的游戏，这个假想敌就是父母。所以人们常常会听到姥姥对外孙说“别让你妈知道”这样的话，其实事情并不重要，他们更享受游戏的过程以及这个游戏带来的刺激。

4.有的孩子已经会吃饭了，还想让祖父母喂一下，他们更享受的是那种四目相对、眼神交流的感觉。老人有的是时间和耐心，他们能很好地配合孩子做这种游戏，这种游戏就是老小孩儿和小小孩儿的对话。如果孩子并没有被老人宠得什么都不会做，只是偶尔为之的话，对这种促进祖孙两代人亲近感的行为，没有必要去刻意破坏，它会成为孩子长大后最甜蜜、最温馨的回忆。

“爸爸妈妈吵架了”

乐乐的爸爸妈妈平时关系一直不错，可是有一天，却因为工作上的不顺争吵了起来。两人在客厅你一言，我一语，互不相让，而且声音越来越大。在小屋玩耍的乐乐放下手里的玩具，跑出来躲在门后偷偷地观望，他从来没见过爸爸妈妈这么凶，吓得他撇了撇嘴，哭了起来，可是他还不敢大声哭，怕爸爸看见会打他。

正在这时，奶奶过来了，一把搂住了乐乐，把他带回了小房间，然后关上房门，轻声问道：“乐乐不愿意看见爸爸妈妈吵架，对吗？”

“嗯！”乐乐重重地点点头，“奶奶，乐乐害怕！”他抽泣着说。

“乐乐不怕，有奶奶在呢，奶奶在这儿陪着你。”说着，奶奶把乐乐搂在了怀里，轻轻地抚摸着孩子的后背。

“乐乐，你听奶奶说，爸爸妈妈今天工作很不顺心，所以他们就发脾气了。人一发脾气呀，就会说话大嗓门。乐乐知道这是为什么吗？”

“不知道。”乐乐被奶奶的问题吸引住了，一时忘记害怕，停止了哭泣。

“因为心和心的距离远，小声说话就听不见了，就要大声嚷嚷。你看平时乐乐和奶奶总是说悄悄话，因为乐乐和奶奶的心挨得很近，不用大声说也听得到，对不对？”

“嗯，昨天彬彬和小雨也吵架了，他们的心也远了。”乐乐马上联想到了幼儿园里发生的一幕。

“是的，那后来呢？”

“后来，后来他们又和好了，就吵了一小会儿。”

“是的，小朋友是这样，爸爸妈妈也是这样。一会儿爸爸妈妈就不吵了，最晚到明天吧，他们就和好了。”

“那如果明天他们还没有和好，该怎么办呀？”

“那我们就去跟他们做个小游戏，玩一个传话游戏。”

“好嘞。”乐乐爽快地答应着。

奶奶带着乐乐来到客厅，看见小两口儿已经不吵了，大概是吵累了，但气氛依旧不太好。奶奶就对乐乐说：“宝宝，我们和爸爸妈妈做个传话游戏吧，奶奶先和你说，然后你把听到的话，传给妈妈，再让妈妈传给爸爸，最后爸爸传给奶奶。看大家传得对不对，是不是奶奶最先说的那句话，好不好？”

“好，爸爸妈妈过来做游戏喽！”乐乐说着，把爸爸妈妈从沙发上拉了起来，“奶奶，我们开始吧。”

奶奶对着两个大人重复了一遍游戏规则，然后在乐乐的耳边说了一句：“我爱你，宝贝。”乐乐如获至宝，屁颠儿屁颠儿地跑到妈妈耳边传了话。妈妈听了，一时有些尴尬，不想传给爸爸，可架不住乐乐一个劲儿地推妈妈：“去呀，去呀，你答应陪我玩的。”妈妈只好把身子挪了过去，爸爸听到后，僵硬的表情立刻融化了，快速配合乐乐把话传给了奶奶。奶奶把

听到的话大声说出来，宣告挑战成功。最后，一家人欢欢喜喜地吃饭去了。

不要在孩子面前发生激烈冲突

父母吵架对孩子的伤害很大，没有一个孩子愿意看到父母吵架。但是父母也是凡人，既有工作压力，又有经济压力以及各种人际关系上的烦心事，所以吵架、拌嘴都是难免的。

但如何让孩子在不可避免的家庭矛盾中受到最低程度的伤害，是做家长需要学习的。

1.尽量避免在孩子面前发生冲突，尽力给孩子创造一种和谐的家庭氛围。

2.如果避免不了吵架，切记三点：第一，不能动粗；第二，不要爆粗口，也不要恶语伤人；第三，不要长时间冷暴力。

3.人并非生活在真空中，生活中会遇到很多突发情况。要让孩子知道，人和人之间会有摩擦，即便是最亲近的人也会有争执、有矛盾，但因为家人是世上最亲的人，所以矛盾终究会过去。案例中奶奶的做法很值得效仿，应尽量弱化吵架对孩子的负面影响，告诉孩子爸爸妈妈今天吵架，明天就会和好，让孩子不用过分担心，并利用孩子这个纽带积极寻找缓和僵局的办法。这样做，一来，孩子不会一直陷在负面情绪里不能自拔；二来，也让孩子养成遇到问题要想办法解决的能力。

4.一定不要以孩子作为威胁对方的砝码。

5.不要强迫让孩子表态站在父母中哪一方，这会让孩子非常为难。

“我的小孙女实在太懂事了”

惠惠今年4岁，因为父母离异，一直和奶奶住在一起。在众人眼里她实在是一个特别懂事的孩子。

每当奶奶回家，她会跑过来把拖鞋递到奶奶脚边，然后问奶奶累不累，还会帮奶奶捶捶背。奶奶很节俭，不仅自己节省，也养成了小孙女从小节俭的习惯。她总灌输孩子，出门不要问大人要东西，奶奶没有钱，总要东西的孩子不是好孩子。

惠惠很乖，每次和奶奶逛商场，看到自己喜欢的玩具，就会蹲下来看很久，然后对奶奶说：“奶奶，惠惠乖，惠惠不买。惠惠就是看看，看完就走。”每当这时，奶奶都会抱起惠惠夸奖她是个懂事的好孩子，而且每当家里来客人，奶奶都会把这个故事不厌其烦地讲给每个客人听。于是惠惠就更加不问奶奶要东西了。

有一次，一位阿姨问惠惠：“惠惠，你为什么这么懂事呀？”惠惠弱弱地说了一句：“我妈妈已经不要我了，我怕万一不乖，奶奶也会不要我！”阿姨一把把孩子搂在了自己的怀里，眼泪唰地掉了下来。

孩子超乎年龄的懂事未必是一件好事

小孩子本应是天真烂漫的，一旦表现出不符合自身年龄段的成熟和过分懂事就要引起家人的注意，这未必是一件好事。他很有可能因为家里的某些原因，压抑着自己，变成了讨好型人格，不敢向别人展示真实的自己。害怕一旦说出自己真实的想法，就会不被别人喜欢，所以会想尽办法讨别人喜欢，但这种乖巧的背后是孩子天性的极度压抑，并会在压抑中失去自我。

同样，一个人如果在小的时候，产生了物质匮乏感，长大以后一方面会对物质有极大的欲望，甚至贪婪，以弥补小时候内心的空缺；另一方面也会产生自卑感，认为自己不值得拥有这么好的东西，或者配不上这么好的东西，即使自己的经济条件完全可以满足，也只会买便宜的东西。这两种心态都不正常。

所以，大人尤其是老人看到孩子特别懂事时，要更加关注孩子，给孩子空间让他做回自己，做回孩子，不要总是一副小大人的样子。另外，在经济允许的条件下不妨满足一下孩子的合理要求，这样孩子长大后便会知道自己值得拥有好的东西。

“再哭爸爸就揍你”

鹏鹏的爸爸是个军人，平时工作很忙，有时和儿子一周也见不上一面。因此鹏鹏平时都是姥姥带的。

这周，鹏鹏爸爸正好回家，他觉得好久没和儿子玩了，该陪陪儿子，就和孩子一起玩起了乐高。玩着玩着，鹏鹏好不容易搭好的乐高被爸爸弄坏了，还没等爸爸向鹏鹏道歉，鹏鹏就把玩具摔在地上大哭了起来。

这时，姥姥听到哭声从隔壁屋进来问：“怎么刚陪孩子玩会儿就给弄哭了？”听到岳母责备的口气，鹏鹏爸爸更是气不打一处来，心想还不都是您平时给惯的，稍不满意就哭。为了驳回面子，显示出做父亲的威严，他把坐在地上哭泣的鹏鹏一把拽起来，严厉地对儿子说：“不许哭，听见没有！一个男孩动不动就哭，像什么样子。”

鹏鹏被爸爸这突如其来的举动吓了一跳，先是愣了一下，继而看到爸爸凶巴巴的样子更是委屈了，反而哭声更响亮。爸爸觉得很没面子，对鹏鹏大吼一声：“再哭，你再哭，我就揍你！”说着对鹏鹏高高地举起了手臂。

站在一旁的姥姥眼疾手快，一个箭步上前，一把把孩子揽入了怀里，对女婿说：“打孩子，我看你敢打！你打他，那你还不如先打我呢！”气得鹏鹏爸爸摔门而去。

允许孩子哭，哭是孩子的权利

家长先要反思一下，为什么不让孩子哭？因为孩子总哭，会让大人感到心里很烦，大人很想用一种方式尽快停止这种声音。

但是，孩子可不可以哭呢？当然可以。哭是孩子的权利，哭是孩子发泄情绪的一种方式。

首先，孩子哭都是有原因的。鹏鹏哭是因为爸爸把他好不容易搭好的玩具弄坏了，他感到很沮丧，就想用哭来表达一下他此时的心情，有何不妥？

其次，大人该如何对待孩子哭呢？孩子哭了，大人并不一定要去哄他。大人只要控制好自己的情绪，孩子哭就让他哭会儿。他哭累了，或者他发现哭也没什么作用，自然也就不哭了。

最后，不要孩子一哭，大人觉得心烦就去打他，打完了觉得心疼又去哄他。大人的这种情绪化做法也会被孩子效仿。另外，像案例中鹏鹏爸爸的说法“不许孩子哭，再哭就揍你”，也是非常简单粗暴的。孩子只能把愤怒和委屈都憋回去，委屈没办法释放出来，会出现两种情况，一种是生命力弱的孩子长大后会变得自怜自艾，另一种是生命力强的孩子会对比他更弱小的生命释放压抑已久的愤怒，产生暴力倾向。

总之，要允许孩子哭，哭没有问题，问题是成人如何对待孩子的哭。

另外，父母管教孩子的时候，祖父母不要介入，即便他们的管教方法不对。一旦介入就像文中所描述的，原本简单的亲子小矛盾会演变成家庭关系大冲突。祖父母不要高估自己的调和能力和说话的分量，姻亲关系本身就很敏感，最好的相处模式就是客客气气，千万不要“撕破脸”。

“奶奶，给我看会儿抖音”

桐桐上小学二年级了，最近同学中间突然流行起来看抖音（一种网络音乐创意短视频软件）。有的同学悄悄把手机带到了学校，一到课间，大家就凑到一起看起了各种搞怪的短视频。短视频里有各种歌曲、恶作剧、真人秀，分分钟就吸引了孩子的注意力。

这天，奶奶去接桐桐回家。在公交车上，桐桐对奶奶说：“奶奶，给我用一下您的手机。”奶奶忙拿出儿子前不久刚给买的新手机，递给孙子。桐桐飞速地下载了“抖音”，然后在车上津津有味地看了起来，还不时地哈哈大笑。奶奶心想这是什么好玩儿的东西，让孩子这么开心，就问道：“桐桐，你在看什么呀？”

“抖音。”

“啥叫‘抖音’？”

“哎呀，跟您说，您也不懂，就别问了，别打扰我！”

“桐桐，到站了，该下车了，你别看手机了，快走了，走了！”

奶奶这手拿着桐桐的书包，那手拉着桐桐，连拖带拽地把孙子拉下

车。桐桐一边走路一边看手机，被奶奶连推带搡地带回了家。

在家长的指导、监督下使用网络

当今社会，新鲜事物层出不穷，无论是网络游戏还是互联网平台，更新之快让人看得眼花缭乱，应接不暇。前有《王者荣耀》，后有抖音、快手，让很多孩子爱不释手。

年轻的父母对这些新鲜事物多多少少都还有所了解，并且能够把控要不要让孩子去接触。但是，老人对这些新鲜事物接触得就比较少了，经常会被孙辈蒙骗，明明在玩游戏、看视频，却骗老人在学习，老人还认为孩子会玩电脑、手机就是特别聪明，于是可着劲儿地让孩子玩。殊不知，这样做为孩子日后的成长埋下了隐患。

对于这个问题，老人首先要与时俱进，了解孩子最近在接触什么，看到动向要及时告诉孩子父母。有能力的也可以自己去探究这些新生事物是不是适合孩子接触。孩子年龄小，辨别是非的能力差，很容易被一些低俗的东西影响、扭曲三观。

另外，关于网瘾的问题。孩子小的时候注意力不容易集中，看一本书需要用7秒钟集中注意力然后才可以看进去，但游戏、短视频这些东西可以最快的速度抓住孩子的注意力，并让孩子沉迷其中。所以，在孩子小的时候不要轻易让其接触这些东西，更不要用手机、平板电脑来打发孩子。或许此刻家长得到了片刻的宁静，但孩子一旦对网络上瘾，造成了心理上的习惯性依赖，之后就很难戒掉了。所以，孩子小的时候多让他阅读才是可取的。

那么，既然危害这么多，孩子是不是就不可以接触网络？也不是。在

3～8岁这个阶段，孩子要在大人的陪伴和监督下使用网络，比如，祖父母或父母可以和孩子一起在网上查资料，让学习任务游戏化，这样孩子既可以感受到科技的先进、网络的便捷，同时大人对孩子使用网络也有所控制和监管。

“我的压岁钱为什么要让妈妈保管”

小屹姥姥从学校把刚上一年级的小屹接回家，回家的路上，祖孙俩聊起了天。

“小屹，你前些日子和爸爸妈妈回老家过年，奶奶给你压岁钱了没有？”姥姥好奇地问。

“给了，给了好多呢！”

“比姥姥给得多吗？”姥姥进一步探究道。

“嗯——好像要多一点儿，他们给了我1万，还跟我爸说，别苦着孩子，孩子想买啥就给买啥，小时候你吃的苦可千万别让孩子吃。”

“哦，给这么多，是姥姥的两倍呢！不过也是，你是他们的孙子嘛，一年才去一次。姥姥就这点儿退休金，不过平时姥姥还给你买吃的呢！你不会因为奶奶给的压岁钱多就更喜欢奶奶吧？”

“怎么会呢，我当然喜欢姥姥。不过，姥姥，我很生气，那1万块钱我看了一眼就没了，全给我妈拿走了。”

“那是你妈替你保管起来了，以后都会用在你身上的。”姥姥忙替自己女儿解释着。

“可是我奶奶说那钱就是给我的，我想怎么花就怎么花！”小屹再次强调着。

“那你想怎么花呀？”姥姥反问道。

“我想买游戏币，打游戏，还想给我们班的同学买个生日礼物，反正有好多用处呢！”

“但是，你的压岁钱有好几万呢，哪能都打游戏了呀？”

“反正那是我的钱，妈妈不该拿走！”

用压岁钱培养孩子的财商

中国的家长不喜欢和小孩子坐下来谈钱，觉得这不该是小孩子关心的事情。于是，在“缺钱”和“不差钱”的教育下长大的孩子会缺乏对金钱的正确认识，有的认为钱是万恶之源，有的认为钱是万能的，更无法厘清金钱和人生的关系。其实，从小培养孩子正确的金钱观，会对今后价值观的形成起到很大的促进作用。

1.要让孩子知道钱是从哪里来的。如果家长现在问孩子钱是从哪里来的，他们普遍会回答从手机里，有的甚至更具体地说从妈妈的支付宝、从爸爸的微信里来的。因为他们要买东西时看到的都是爸爸妈妈在刷手机。但是手机里的钱又是怎么来的呢？孩子们并不知道。所以带孩子去了解家长工作的状态，了解社会各个工种，他才会知道手机里的钱是爸爸妈妈付出自己的劳动换来的，并不是手机自己产生的。

2.让孩子体会到劳动的价值。首先让孩子认识钱，从1块到100块，然后让孩子知道这些钱所对应的价值，1块钱能买什么，10块钱能买什么，100块钱能买什么。知道这些后，让孩子体验一下各种劳动换取金钱的模式。比如，捡矿泉水瓶可以卖钱，虽然容易，但是非常辛苦，捡一天也许都不够买一瓶饮料的钱；拿一部分压岁钱放在银行里，积少成多，还可以收获利息，这需要头脑；用零花钱购买理财，可以有微薄的收益，但这需要足够的本金和一段时间不能挪用这笔钱；在二手平台上出售自己用过的玩具和文具可以换钱，但这也需要有买方市场。

总之，让孩子体验各种挣钱的模式，他会在满足好奇心的同时发现挣钱其实很不容易，这比家长口头教育他体会更深刻。

3.学会如何支配金钱。组织一个家庭会议，告诉孩子这个月的收入，列出基本生活消费的支出：水、电、煤气、食物、交通费、通信费、孩子个人用品的支出等，看看是否有结余。如果不够，要从哪里挪用。这样做，一是让孩子明白家庭现在进行正常消费没有问题，但不要浪费。有些孩子完全没有这个意识，常常会浪费很多资源，恰恰是缺少这项教育所致。二是让孩子知道，一定的储蓄是为了在必要的时候救急，或者在有更大用处的时候派上用场。在这个了解的过程中，孩子自然也就能知道如何支配自己的零花钱了，延迟满足的能力也得到了锻炼。

4.告诉孩子“君子爱财，取之有道”。一定要告诉孩子不取不义之财，不赚昧良心的钱，做人要有底线。这样长大后才不会什么钱都赚，知道生活中还有比赚钱更重要的事。不可以为了金钱出卖良知、出卖自我和他人。

5.给孩子一定额度的零花钱。随着孩子年龄的增长，适当地给孩子一些固定的零花钱。对金钱的自主支配其实比金钱本身更能让孩子激动并获得成就感。一般来讲，那些有固定零花钱的孩子比完全没有的孩子更不容易产生偷窃等不良行为，因为他们不需要。

6.家长要和孩子一起打理大笔的压岁钱。现在的孩子过年都会得到很多的压岁钱，少则几千，多则几万。孩子的确尚不具备独自打理这笔钱的能力，但是他们也不接受只是一句“妈妈帮你保管”就将压岁钱全都归入妈妈囊中的结局。而这正是教孩子如何安置金钱的好机会。是以储蓄的方式还是以消费的方式用掉这笔钱，家长和孩子可以一起商量，甚至让孩子选择，然后大人帮助孩子进行利弊分析。要知道，没有生来就不讲道理的孩子，只有不会给孩子讲道理的父母。另外，要告诉孩子，大人对孩子的爱的多少，尤其是祖父母的爱的多少和金钱是没有关系的。

7.教给孩子如何花钱。突然暴富的人会很快把钱花光，不会成为最终的富人，因为他们缺乏致富的头脑，同时金钱也不能给他们带来真正的快乐和持久的幸福感。所以，一方面，大人要培养孩子具备挣钱的本事，另一方面，也不要忘了培养孩子具备花钱的能力。让孩子把钱花在既有意义又让他感到愉悦的地方，充分体会到钱在不同层面上给自己和他人带来的快感。比如，如何用金钱让自己得到物质上的享受，过有品质的生活；如何用金钱换取学习机会，让自己得到提升，获取更充实的头脑；如何用金钱关怀他人，给予别人帮助，让自己得到更高层级的心理满足。

8.给孩子灌输金钱的积极意义。作为家长，尤其是老人，不要给孩子灌输太多对金钱的负面认知：譬如钱是万恶的根源，有钱人都是贪婪的，商人都是奸诈的。这类信息本身不够客观，会让孩子在将来赚到钱时产生一种罪恶感。

总之，正确、及时的金钱观教育对孩子的成长来说是大有裨益的。

“爸爸，你什么时候再来我家玩呀”

多多的父母在北京的一家早教机构做市场总监，每年只有过年的时候才会回到东北老家去看望自己的父母和3岁的儿子。多多自然成了一名和奶奶一起生活的留守儿童。

奶奶原本就很疼爱多多，加上多多常年见不到自己的父母，比起那些和父母生活在一起的孩子来说，奶奶觉得多多很可怜，于是更加宠爱他，事事都依着他。但是多多依旧觉得不开心。

多多5岁这年的春节，爸爸、妈妈从北京回老家看望他，给多多买了很多的玩具、绘本和衣服。多多开心极了。

爸爸为了多陪儿子待一会儿，每每去同学家串门、走亲戚都会带着多多。多多在一旁一边吃着好吃的，一边听着大人们聊天。多多觉得这比和奶奶在一起的日子有意思多了，他真希望每天都能过这样的日子。

可是，15天的假期很快就过去了，爸爸妈妈又开始收拾东西准备回北京了。

这天，爸爸抱起多多和他告别，嘱咐他要乖，要听奶奶的话。突然多多冒出一句话："爸爸，你什么时候再来我家玩儿呀？"爸爸听了心里一酸，他知道，在多多心里，这里不是爸爸妈妈的家，这里是多多和奶奶的家，自己就是一个客人，还是一个一年只来串一次门的客人。爸爸一把搂住多多说："爸爸再努力一年，争取明年就把你接到北京去。"然后扭头拉着妈妈走了。

多多爬上椅子，站在窗户边上，透过窗帘的缝隙看着爸爸妈妈离去的背影。爸爸妈妈一回头，他就用窗帘遮住，不让他们看见自己，等爸爸妈妈扭过头去，他再掀起窗帘偷望他们，直到他们的背影渐行渐远，看不见为止。

多多奶奶看到这一幕，心酸不已。

留守儿童需要父母更多的关爱

据不完全统计，目前中国共有6000万的留守儿童，由于种种不得已的原因，他们不能和自己外出打工的父母生活在一起，只能过着和祖父母相依为命的生活。

有些孩子因长期见不到父母，心里产生强烈的被抛弃感，严重的会导致一辈子都挥之不去的分离焦虑，加上心中的各种情绪、烦恼无处宣泄而感到焦虑、不安。而那些把他们带大的祖父母，虽说对他们无限地疼爱，但由于年龄的差距、沟通的困难使他们不能成为这些留守儿童真正的心理依恋，于是，这些孩子只能从其他地方寻找自己的精神寄托。再者，由于祖父母的过度溺爱会让孩子失去基本的管教，养成很多坏习惯，也容易让孩子结交社会上的不良朋友并染上恶习，这些都会成为留守儿童成长中的隐患，也会成为社会性的时代创痛。

1.如果不得已一定要将孩子放在老人身边抚养，那么父母更要给予孩子更多的关注。不仅要关注他们的生活，给予物质上的支持和帮助，更要关注孩子的心理。

2.给孩子一个充分的理由，告诉孩子父母为什么要和他们分离。父母不说，孩子就会猜，就会认为也许是自己不好，导致父母不要自己了。没有言明、没有告别的分离，都会让孩子体会到被抛弃的感觉。不要以为孩子小、不懂事就不说，其实越小的孩子感受越强烈。

3.要定时和孩子视频、通电话，向祖父母询问孩子的情况，让孩子感到，父母虽然人不在身边，但心里一直记挂着他，不会从他的世界消失。否则，孩子虽然用父母寄去的钱被养大了，但他不仅不会和父母亲，并且始终认为他的亲人就是养育他的祖父母。就像美国心理学家哈洛做的恒河猴实验一样，他让新生的婴猴从出生第一天起同母亲分离，在以后的5天中分别和铁丝妈妈和毛绒布妈妈在一起。铁丝妈妈的胸前挂着奶瓶，毛绒布妈妈没有。婴猴只有在饥饿的情况下才会去铁丝妈妈那里喝奶，喝足奶后快速回到毛绒布妈妈这里。哈洛由此得出结论：身体接触对婴猴的发展甚至超过了哺乳的作用。

4.父母可以经常给孩子寄些书、礼物来“标注”自己的存在，最好能将书中的故事变成亲子之间谈话的主要内容。世界是在对话中产生，虽然孩子是在故事中长大的，一时无法走进成人的世界，但故事书可以让你走进孩子的世界。

“书上说了女孩要富养，我家孙女就要住五星级酒店”

悦悦是一个标准的“小公主”，每天出门都会穿着各式各样的公主裙，而且是面料极好的大品牌，喝的水都必须是进口的，吃的食物都是有机的，就连刷牙用的牙膏也是国外进口的，真可谓是一个精致的“洋娃娃”。

一次暑假，妈妈带她去参加一个亲子营。悦悦嫌夏令营的饭菜不好吃，竟一口都不碰。为了让女儿能填饱肚子、保存体力，无奈之下，妈妈只好让她吃带来的零食和饼干充饥。等到晚上睡觉的时候，她又嫌营地的通铺床太硬，翻来覆去睡不着，整个亲子营下来人瘦了好几斤。

奶奶见到从夏令营回来的悦悦又黑又瘦，心疼得直埋怨儿媳：“你干吗要带她去参加这种又脏又苦的亲子营，难道不知道咱们孩子从小出门都是住五星级酒店的吗？我们是女孩，书上说女孩是要富养的！”

悦悦妈妈辩解道：“让孩子体验一下不同的生活也没有什么不好，您看她被您养得实在是太娇气了，别的孩子能做的事，她都做不了，以后可怎么在社会上生存？”

奶奶不高兴了，说：“我们是女孩，女孩就要富养！我们不需要吃那么多的苦，以后长大了也不需要，咱家里有钱。再说我们以后还可以嫁有钱人！”说完，理直气壮地把孙女拉走了，留下了一脸无奈的妈妈。

富养出来的女孩能讲究也能将就

古话说“富贵多淑女”，意思是女孩从小被带着出入各种社交场合，会增加阅世能力，等到了如花般的年纪，在尘世里便不会被各种浮华和虚荣所迷惑。所以其实，女孩富养更多指的是眼界，而不仅仅是物质上的富有。

把女孩养得极其精致，小小年纪就用奢侈品是很多家长对富养的较肤浅和偏颇的理解。其实，富养是见多识广，更是见多识广后的豁达和包容。上知讲究的标准，知道什么是高品质的精致生活，下有将就的能力，在不同的环境下都能很好地适应和生存。

一个人的眼界决定了她的认知和层次。有眼界的女孩对事物的认知会更加客观、理性，包容度也会更高。

有人不喜欢有公主病的女孩，也有人不喜欢彪悍的女汉子，但没有人会拒绝温柔的女子。温柔不是表面上娇声嗲气，而是见多识广后的包容与善良。见识多了，对事物的理解层面就宽了，才会明白有时自己不接受的那部分未必是不对的，而是因为生活层面没有接触到、不了解而产生的不接纳。具有一定眼界的女孩对周遭事物会有更宽广的接受度和更深的理解力，这会使她们更有同理心。当然，这同样需要父母及时、正确的引导。

再来说男孩，人们说穷养，也并不是说一味地让男孩感受到因经济上的拮据而带来的压力。经济上的拮据有时会让孩子在群体里感到自卑，反而会适得其反。在有条件的前提下，男孩也同样需要开阔眼界。所谓的穷养是要让男孩更有担当，这种担当除了能够吃苦外，更多的还有其他方面的优秀：生存能力、解决问题的能力、知识面和胆识，甚至还有体能，因为担当除了意愿以外，更多的需要的是能力。

“我为什么要孝敬爷爷，就因为他老了吗？”

晓伟一直是爷爷带大的。可是随着年龄的增长，尤其是上小学后，他开始越来越不尊敬爷爷，不仅常常和爷爷顶嘴，还时常流露出瞧不起爷爷的表情，动不动就对爷爷说：“你懂什么？别说话了。”

看着自己亲手带大的孙子对自己如此不尊敬，爷爷很寒心，就在儿子那里告了孙子一状。

这天吃完晚饭，爸爸若无其事地和晓伟聊起了天，聊着聊着话题转到了爷爷身上。爸爸问晓伟，最近是不是对爷爷有不敬的行为，不成想，晓伟不但没有否认还振振有词地说：“我为什么要孝敬他，爷爷又老又丑，还特别笨，什么都不会，既不会打游戏，也不会看抖音，弄个微信还整天问我，真是烦死人了。”

爸爸听到这里真是怒火中烧，刚想抬手打儿子，想了想又忍住了，他知道，孩子今天说出了自己内心的真实想法也没有错，错在自己平时没有好好教育孩子。

过了几天，正好是周末，老师布置了作业，要写一篇周记，叫《我的家》，晓伟正在冥思苦想要写些什么，这时爸爸过来了，还拿来了一本相册。

“晓伟，你看这是谁？”

“这是什么，相册？这照片怎么都是黑白的？这个穿军装的人好酷。爸爸，有点儿像你，是你吗？”

“不是，这是爷爷！”爸爸边说边翻着照片。

“啊？爷爷年轻时这么帅！爷爷还会骑马呢?！”老照片一下激起了晓伟的好奇心。

“是呀，爷爷年轻的时候是骑兵，还是团长呢！”

“团长管多少人？”

“好几百呢！”

“厉害呀！”

“来，孩子，爸爸和你讲讲爷爷的故事。”

听完爷爷的故事，晓伟兴奋地说：“爸爸，今天的周记我就写爷爷，我们班保证没有人写这个主题。”

“那你还觉得爷爷又老又丑又笨吗？”爸爸乘胜追击。

“爸——”晓伟不好意思地摇摇头。

和老人有连接的孩子才能从心底里尊敬老人

尊敬长辈是中华民族的传统美德，但现在很多孩子都不尊敬老人，是因为父母忘了给孩子上一堂敬老的家庭教育课。

有一年重阳节时，电视上播了一档节目，为了让孩子能理解老人行动的不便，在每一个孩子身体上都绑上厚厚的包装膜，让孩子们感受老人的不易，孩子们对老人的困难感同身受。但仅仅体会老人的老、弱、不易是不够的，更重要的是要让孩子了解老人曾经做过的值得尊敬的事情。

1.要在家庭里树立老人的威信，培养孩子敬老的习惯。这点首先要从父母自身做起。

2.一味地立规矩、讲道理，孩子不一定能接受。只有和老人有了连接的孩子才会从心底里接受老人、理解老人并尊敬老人。

3.给孩子看家谱、讲家族史是一种非常好的教育方式，与其天天给孩子讲绘本，不如每周抽出一天的时间，让孩子听祖父母讲过去的事情。在故事中与家族连接，与历史连接，同时也会在孩子幼小的心灵种下以后要为家族争光的种子。其实，每一位老人都是中国近代史的缩影，他们中，有的是将军，有的是科学家，有的是工人，有的是农民，有的是家庭主妇，他们每一个人都是撑起民族历史、家族历史的重要人物。祖孙三代之间隔着半个多世纪的时空，互相不理解很正常。只有大人讲给孩子听，他才会了解；孩子只有了解了才能理解，理解了才会从内心产生敬意。对长者和家族的敬畏，可以在无形中让孩子获取力量。

“爸爸，我要去天堂找奶奶”

大伟的儿子从小是母亲一手带大的，孩子和奶奶有着很深的感情。

这天中午，奶奶突然心脏病发作，家人急忙拨打120把奶奶送进了医院。经过抢救，医生说情况可能不太好，让家人做好心理准备。

奶奶躺在病床上，张了张嘴，好像在说什么，大伟忙凑过去用耳朵贴在妈妈的唇边仔细听。他听见妈妈用极其微弱的声音在说：“别忘了接孩子。”

大伟听完转身冲出了病房，他对站在病房外的家人说：“我要把小宝接来，见奶奶最后一面。”

妻子听罢，犹豫着说：“还是别让孩子来医院了，孩子太小，看见会害怕的。”

“不，小宝已经快6岁了，如果没有让他见到奶奶最后一面，他长大后会怪我的，再说妈妈走得也不会安心。”大伟坚持着，说完飞奔着冲出了医院。

来到幼儿园，大伟向老师说明了情况，把小宝提前接了出来。小宝兴高采烈地问：“今天怎么是爸爸来接我，而且还是第一个？”大伟什么也没说，把小宝塞进车里，直奔医院。

20分钟后，车子停在医院门口，大伟把小宝拉下车，蹲在孩子面前说：“儿子，奶奶今天生了很重很重的病，现在躺在医院里，我们去看看她好吗？”

小宝点点头说：“早上我上幼儿园的时候，奶奶不是还好好的吗？怎么这么一会儿就发烧了？我给她冰敷一下吧！”一边说着一边随爸爸来到了抢救室，推门一看，他惊呆了，奶奶紧闭着双眼，脸上罩着氧气面罩。从没见过这种场景的小宝“哇”的一下哭了。妻子一把把孩子搂在了怀里，瞪了大伟一眼说：“瞧你把孩子吓的，我说别把他带来，你就是不听。”妻子埋怨着。

大伟拉着小宝走到奶奶的病床前，把他的小手递给奶奶，奶奶仿佛意识到什么，用力地握了一下小宝的手，然后就松开了，随后小宝听到了大人们撕心裂肺的哭声，他也跟着大家哭了起来。爷爷说：“奶奶就是在等小宝，小宝来了，奶奶就放心地走了。”

奶奶就这样突然地去世了，那个天天接送小宝，给他做饭、陪他洗澡、给他讲故事的奶奶永远地离开了小宝。

在遗体告别仪式上，小宝再次看到了不会再睁眼、不会再说话的奶奶，他知道奶奶死了。他又伤心又害怕，哭了好久好久。

有一天，小宝问爸爸：“奶奶去哪儿了？”

大伟说：“奶奶去天堂了。”

小宝接着问：“爸爸，天堂在哪儿？我也想去天堂看看奶奶。”

大伟说：“奶奶去了另一个世界，你想念奶奶的时候，只要闭上眼睛，奶奶就会出现在你脑海里，你们就可以见面了。”

以后小宝只要遇到开心的事情，吃好吃的东西的时候，都会闭上眼睛，他说他在告诉奶奶，让奶奶知道。

奶奶会在天堂保佑我们

现在，人们开始注重对孩子进行性教育、金钱教育，但人们还欠孩子一个死亡教育。

皮克斯公司的动画片《寻梦环游记》为孩子们很好地补上了这一课。在墨西哥有一个非常重要的节日，叫亡灵节。相传在这天，逝者可以通过花瓣桥来到“人间”，但前提是家里有人一直供奉着他的照片，这样他才可以顺利过关。如果没有人供奉照片，他就不能“复活”。电影里有一个“终极死亡”的设定：那就是真正的死亡是世界上没有一个人记得你。我想这是对死亡很好的诠释。

作为大人，特别是老人，一向忌讳和孩子谈论死亡，因为他们本身年龄大了，有的还体弱多病，对死亡充满着恐惧。葬礼也大多以哭丧为主，世代传承的观念告诉人们死亡是一件非常悲伤、难以承受、难以面对的事情。

其实，人们可以告诉孩子真相：死亡是一件正常的事情，这世上所有的人都会死亡，它是自然法则。死亡对于一个人来说不仅意味着恐惧、绝望，还意味着解脱。

人们也可以通过让孩子养一株花，让孩子看到花开花谢的整个过程，了解万事万物周而复始的自然规律。同样，一个生命离开了，又会有新的生命诞生。

当人们知道死亡终究会来临时，要做的是如何更好地活在当下。

中国的《道德经》里有一句话："死而不亡者寿。"说的是人格没有消亡，才算是真的长寿。世间的芸芸众生不敢保证人人都能成为伟人，拥有伟大的人格，但是人们还是希望死后能被家人、亲朋好友记得并怀念，所以活着的时候要好好做人，好好感受爱，给予爱。要珍惜和亲人在一起的每一段时光，不要相互漠视，相互伤害，否则当亲人离开时，只剩下无尽的悔恨。

人生难免有意外，当这一天真的来临时，活着的人要问心无愧，死去的人要不留遗憾，因为生命中最珍贵的东西都已经享受到了。

说到家人，家中老人生病时，要带孩子去看望并陪伴生病中的老人，告诉孩子对亲人的陪伴、抚摸和关爱会让老人减少很多对病痛的难耐和对死亡的恐惧，就像孩子生病、发烧时，希望爸爸妈妈在身边陪伴一样。

家中有亲人去世，要带孩子在清明的日子里去扫墓。祭扫本来就是追思先人，教育后人。

最后一点就是当亲人去世的时候，不要只对孩子说"你要坚强"，孩子完全可以感受并发泄自己悲伤的情绪，不必压抑。

第四章

4

读懂儿童奇怪行为背后的心理动因

会用勺子吃饭了，为何偏要用手捡地上的米粒吃

扣扣快2岁了，是个特别聪明的孩子，不仅语言表达很流畅，就连学东西也特别快，2岁就会自己用勺子吃饭了。每次说到这儿，奶奶都特别开心，她说其实带孩子、看着孩子成长也是一件很快乐的事情。奶奶在带扣扣时看了很多书，也和儿媳一起听了很多的讲座，知道让孩子独立做一些事情对孩子的发展有好处，所以她并不对孩子的事情大包大揽。

在扣扣不到1岁的时候，有一天奶奶把饭和小勺放在小桌子上，正准备喂他时，发现扣扣早已自己把小勺抓在手里，只不过抓反了，勺把儿在前，勺头在后了。可能孩子觉得这样不好玩，又重新抓了几回，这回抓对了，奶奶好高兴。

后来扣扣还试图用勺子舀米饭往嘴里放，不过屡次失败，奶奶在一旁看着，但也没帮他，虽说屡战屡败，把米饭撒了一桌子，扣扣也并没有灰心，继续尝试，终于有一次，米饭就那么碰巧地送到了他的小嘴里。扣扣和奶奶都无比开心，从那天起扣扣就学会了自己吃饭。

可是现在扣扣快2岁了，勺子已经用得好好的了，却突然不爱用了，又开始用手抓饭吃了，而且还故意把米饭拨弄到地上，然后自己蹲在地上一粒一粒地捡起来。

奶奶这回看不下去了，对扣扣说："地上那么脏，不能吃地上的东西，宝宝，你明明会好好吃饭，为什么要这么捣乱呀？你这可是成心呀！"

扣扣不管奶奶说什么，就是执意要蹲在地上捡米粒，气得奶奶都想打他的小手。

看似倒退，实则进步

孩子明明已经学会用勺子吃饭了，却不用勺子，还把饭撒得到处都是。这看似是种倒退现象，实际上却是进步。因为儿童对熟悉的动作已经失去了新鲜感，却对新的动作产生了兴趣。

1～2岁是孩子手的发育期，手的动作从一把抓、三指抓，逐渐发展到二指抓，他们喜欢用手指去捡细小的东西，所以才会故意把饭粒撒在桌子上，然后再用两个手指把它们捡起来。

当孩子出现这种倒退现象时，家人不要去责怪孩子，也不要马上给扳正过来，可以让他探索一会儿，这是他当前的"工作"——锻炼自己的精细化动作和手眼协调性，大人们只要保证孩子不要把地上捡起来的食物放到嘴里就好。

这个时候大人给孩子讲要爱惜粮食这样的道理，孩子未必能懂。此刻他的兴趣就是在二指抓上，不如换一些豆子让孩子捡，这样既不浪费粮食，又锻炼手的发展。注意一定要有大人监视，不可让孩子误食或往耳朵、鼻子里面塞，发生危险。

宝宝最近为什么总爱打人

海红的孙子今年1岁4个月了，她非常疼爱这个表情丰富又逗人喜爱的小孙子。可是，海红发现宝贝最近新添了一个毛病，那就是见人就打。不光在家里打奶奶、打妈妈，在外面见了陌生人也照打不误。

这天，海红抱着孙子去院子里晒太阳，刚走进电梯，就看见15楼的王阿姨在里面，王阿姨和孙子打招呼："小宝，出去呀？"话音未落，小宝上去就给了人家一巴掌。虽说小孩的手软软的，打得不会很疼，但这种行为让海红实在太尴尬了，急忙抓住孙子的小手说："宝儿，阿姨喜欢你，怎么可以打人呢？"没想到，小宝用力挣脱奶奶的手，又打了一下阿姨，好在这次阿姨有防备，躲了过去。

海红实在太不好意思了，真怕邻居们说自己不会管教孩子，带出的孩子这么没礼貌，见人就打，于是她连连向对方道歉，为了表示自己不惯着孩子，还照着孙子的屁股给了一巴掌。随着孙子哭声的响起，电梯终于到了1层，海红抱着"惹事"的孙子逃也似的离开了人群。

孩子在2岁前打人是进入了手的敏感期

孩子从七八个月开始到2岁左右这个阶段，会进入手的敏感期。口腔敏感期时孩子会吃手，孩子用口唤醒了手，于是手的敏感期也随之到来。

七八个月的时候，他们开始迷恋抓软软的东西，香蕉、面粉、沙子这类东西，看着这些东西从自己的指缝里流出，他们会觉得特别神奇，也感到非常满足。

手的敏感期的另一个表现就是打人。孩子在1岁以前打人，是在和别人打招呼。因为不会说话，又希望有一定的社交，所以就只好用打人的方式来和别人打招呼，大人只要回应孩子的招呼就好了。

孩子在1～2岁的时候打人，是手的敏感期的一种正常表现，可能是为了引起别人的注意，也可能是用肢体来表达自己的某种情感，但下手会没轻没重，大人不必太介怀。另外，在这个时期，孩子还爱扔东西，大人递给他一块饼干，他会把饼干抓住，然后又扔掉。

总之，这个阶段的孩子就是手很“痒痒”，总想用手干点儿什么。所以，在孩子进入手的敏感期阶段时，祖父母或父母不要对孩子打人的事太过关注，大人越关注，他越打。他就是在用打人来吸引大人的注意力和对他的关注。

孩子打人也可能是一种情绪的表达。也许他不喜欢这个阿姨摸他，但他不会说，更没有发展到学会照顾别人面子的程度，只是一种本能的反应。有人摸他，他不舒服了，就打人，当大人停止这个动作了，他就会释然，不会再打了。

这个阶段，不要让孩子过多地接触电视里的打斗场面，也不要动不动就打孩子，如果孩子打到别人，大人道个歉离开就好，也不要为了大人的面子去打孩子。

平稳地度过了手的敏感期，孩子就不爱打人了，他会逐步学习用语言来表达自己的情感。当然，也有的孩子过了2岁以后依旧打人，那就不是手的敏感期的问题了，而是教养问题了。

心宝今夜“魔怔”了

心宝3岁半，上幼儿园已经有3个多月了。开始去的时候她总是哭闹，最近倒是乖多了，每次都能顺顺利利地去幼儿园，全家人悬着的心终于放下了。

一天晚上，姥姥给心宝讲完故事，看她慢慢闭上了眼睛，就放下绘本，关灯自己也睡了。可是没过多久，突然听到一声惊叫，姥姥赶紧爬起来，开灯一看，发现心宝大哭着从床上坐起，两只眼睛直勾勾地盯着一个地方，嘴里还念念有词。姥姥凑过去听，好像是在说要喝水，于是披上衣服下床去倒水，可是姥姥把水端到心宝跟前，她好像根本没看见一样，依旧睁着眼睛，目光直视前方，嘴里不停地说着什么。姥姥轻轻地叫了几声心宝，心宝毫无反应，不一会儿心宝自己“咣”的一声又倒头睡了过去。这个场景可把姥姥吓坏了，一宿都没敢再合眼。

第二天早上起来，姥姥问心宝：“心宝，你昨晚是做噩梦了吗？”心宝摇摇头说不知道。

“那你记得半夜坐起来大叫吗？”

心宝又摇摇头说：“是吗？姥姥，我一点儿也不记得了。”

姥姥赶紧把前晚的事情告诉了女儿，女儿也吓了一跳，当即带孩子去了儿童医院。

孩子偶尔出现夜惊现象是正常的

夜惊和做噩梦是两个概念。

儿童夜惊属于一种睡眠障碍，通常发生在1岁半以后，多见于4～10岁的儿童。儿童会在入睡后15～30分钟突然坐起，尖叫、哭喊、双目紧闭或瞪目直视，有的还会自言自语，用手到处指，甚至还会下床行走。大人对他说话，他毫无反应，几分钟后缓解，继续入睡，次日对昨晚发作的情况没有记忆。这种发作叫夜惊，如果经常出现就有可能患上“夜惊症”。

生理和心理因素都可能导致夜惊现象的出现。偶尔的夜惊现象可能是白天过于兴奋，或者出现了压力源，长期的夜惊则可能是生理上的问题。

在幼儿期，儿童大脑神经发育尚未健全，中枢神经系统的抑制部分，尤其是控制睡眠觉醒的大脑皮质发育得还不成熟，这些对孩子的睡眠都会有一定的影响。

家长要避免让孩子白天过度兴奋、劳累，消除影响睡眠的不安因素，养成按时睡觉的好习惯，孩子偶尔出现一两次夜惊现象，大人不必过于担心，随着孩子年龄的增长，夜惊现象会逐渐消失的。

如果孩子夜惊症频繁发作，家长要引起重视，带孩子去医院检查并治疗。

“孙女才2岁就开始叛逆，我还管不了她了！”

坤坤快2岁了，最近奶奶发现坤坤的脾气特别大。从早上起床到晚上睡觉，奶奶一直在和她斗智斗勇。

早上，奶奶把昨晚准备好的衣服拿给坤坤，结果坤坤看也不看就给撇了，非要自己挑衣服穿不可。奶奶心想，你这么点儿小屁孩儿懂什么叫好看，还要自己选衣服，衣服穿着暖和不就行了？可是坤坤执意要穿她那件带有蝴蝶结的裙子。奶奶说这裙子太薄，会着凉的，坤坤抓住裙子不放手，奶奶抢过来，她就放声大哭。

中午，奶奶叫坤坤吃饭，她不吃。奶奶问她什么，答案都是“不好！”“不要！”奶奶真想问她，那你到底要什么？

下午，坤坤在洗手间自己洗袜子，把池子里的水弄得到处都是。奶奶赶紧过去说：“坤坤，奶奶帮你洗吧，你哪会洗袜子呀？”

坤坤坚决地摇摇头说：“不，我就要自己洗。”洗完袜子，奶奶带坤坤在院子里玩，萍萍过来了，想玩一会儿坤坤的娃娃，坤坤一扭头说：

“这是我的，不给！”

奶奶气得不行，说：“你这孩子怎么突然变得这么自私呀？”接着连连向邻居道歉。

2岁左右的孩子不听话是进入了自我意识萌芽期

孩子在两三岁的时候，自我意识开始萌芽，进入第一叛逆期，也就是人们常说的“可怕的2岁”。

这期间，平日里的那个乖宝宝会突然变成“小恶魔”，他会处处闹独立、事事抢着做，凡事总说“不”。这让带孩子的老人非常头疼，打不得又骂不得。孩子为什么会突然变成这样？大人又该如何对付这个“小恶魔”呢？大人可以打他吗？

首先，来说一说孩子为什么会经历“可怕的2岁”。

因为孩子从2岁开始建构自我，开始以自我为中心，把自己和他人、和社会分离出来。这是孩子成长过程中的必经阶段，也是成为一个独立人最核心的部分。他在一次次说“不”的过程中，感受着自我与他人分离、与他人不同的快乐。自我意识构建得好的孩子，长大后反而不会以自我为中心。

那么大人在这个阶段该如何与孩子互动呢？

1.切记不要太民主，事事征求他的意见。例如，“我们去吃饭好不好”，他一定说“不好”。应该让孩子做选择题，例如，“宝贝你想吃米饭还是面条”，既给他好的引导又要尊重他。

2.减少负面命令。例如，把“不要把玩具扔得到处都是”改为“宝宝，我们一起把玩具收好”。

3.允许孩子在不情愿的时候不必分享。不分享不是自私，是自我的表现。自私是在利益发生冲突的时候，选择损害他人利益而满足自我利益。而自我是一个人可以按照自己的意愿、情感、心理和意志的需要行使自己的计划，支配自己的行为。儿童成长的过程就是一个自我建构的过程。在这个过程中，孩子最初就是通过占有属于自我的东西来区分自己和他人的，当他完全占有这个东西时，他就能充分感觉到“我”的存在了。

4.用非语言行为向孩子表示赞许或反对。这个时期，孩子对大人的制止产生强烈的反抗，大人不如用一些非语言的方式，比如，目光、表情或其他肢体语言，这会让孩子有一种新鲜感，反而愿意服从。

5.相对于“好说话”的妈妈或奶奶，不太“好说话”的父亲也要参与玩耍和陪伴，孩子会发现新的战斗对象，需要新的战斗策略，孩子会变得更多元和聪明。

“孙女特别馋”

子夏是个皮肤白皙、眼睛大大的漂亮女孩，走到哪里都人见人爱。子夏的奶奶特别爱干净，每次在院子里看见别的小孩子吃手，总是忍不住把孩子的手拿出来，对着人家奶奶说：“孩子吃手，你也不管管，这小手多脏呀，上面那么多细菌，小孩子吃了会拉肚子的。你看我家子夏就从来不吃手，她小时候一吃我就打她，这样就给板过来了。”

被奶奶调教得很有规矩的子夏最近却变得特别馋，见人就向人家要吃的。这让奶奶很没面子，心想家里条件那么好，要什么有什么，你想吃什么跟奶奶说，奶奶给你买，为什么总要问别人要呢？奶奶回去训斥了孩子几次，可都不见效。

这天，奶奶要带子夏去看牙，提前去幼儿园接子夏。她站在幼儿园班级的门口往里张望，正好看到子夏问小朋友要东西吃的一幕。一个胖乎乎的小男孩正在慢悠悠地吃着零食海苔，子夏站在他的对面说：“你给我吃点儿好吗？”小男孩坚决地摇摇头说：“不好。”子夏凑过去再次恳求：“你就给我吃点儿吧！”本来吃得很从容的小男孩这时觉得有人要抢他的海苔，就一把把所有的海苔全都塞进了嘴里，由于塞得太满，海苔末“噗”的一下从嘴边飞了出来，喷了子夏一脸，子夏一点儿不嫌弃，竟然用小手一点点把沾到自己脸上的海苔末全都放进了自己嘴里，还很满足地品着味道。

站在一旁的奶奶看得太心酸，她百思不得其解，她养的孩子为什么会这么馋？后来有一位心理老师告诉她，孩子馋的原因就是她太爱干净，从不让孩子吃手造成的。

孩子吃手是进入了口腔敏感期

很多宝宝从3个月的时候就开始吃手，甚至把玩具或其他东西往嘴里塞，很多爱干净的奶奶、姥姥都会不让孩子吃手，甚至因为孩子吃手，担心把脏东西吃进嘴里而打孩子。其实这大可不必阻止，孩子吃手，是因为进入了口腔敏感期。

所谓口腔敏感期，就是指孩子在0～1岁这个阶段，通过口腔来感知这个世界。事物是圆的、方的，还是硬的、软的，所有的探索都用嘴来完成。这个时候，大人只要做到让孩子放入口中的东西不危险，并相对干净就可以了。如果孩子要吃手，可以让他尽情地吃。当口腔敏感期顺利度过后，孩子会转到下一个敏感期去进行新的探索。

但是，生活中很多老人并不了解儿童心理学，特别是爱干净的老人总会阻止孩子吃手，甚至打孩子。那么孩子在这个敏感期会因为没有得到满足而出现固着的现象，那就是一直停留在这里，到了五六岁甚至八九岁依旧会吃手。

其实，有的孩子口腔敏感期没有被满足，他们会体现出一些共同的特点，比如：男孩爱吐口水、抢别人的食物，甚至说脏话上瘾，长大后会不停地吸烟；女孩变得特别馋，注意力总是固定在食物上，而不能集中精力学习。总之，他们全表现为在焦虑的时候会用唇与唇的不断触碰来缓解内心的不安。

所以，应在孩子进入口腔敏感期的时候允许孩子吃手，或给孩子一些替代品，不要因为孩子吃手而去打骂、吓唬孩子。

那么，如果大人发现孩子的口腔敏感期固着后，也就是四五岁了还吃手，该怎么办？

一种办法是厌恶疗法，就是让孩子一次吃个够。让孩子把手洗干净，然后十个手指头一个一个地吃，直到他不想吃为止。另一种办法就是转移注意力，让他发现更有趣的事情，还可以学习使用芬兰教育理念中的儿童技能教养法，市面上也有很多相关内容的介绍，运用这一方法教孩子如何学会克制。其中讲到可以让孩子学习一个“不吃手”的新技能，然后找到妈妈和奶奶当他的支持者，如果孩子一整天都没有吃手，要给予孩子鼓励，这中间孩子会有反复，这很正常，让孩子告诉他的支持者，如果忘了需要给予他一个什么样的提醒。如果孩子做到一段时间都没有吃手，那么家里要有一个仪式来庆祝一下，这对孩子来说非常重要。孩子学会了不吃手的技能后还要教给别人，这是一个内化的过程。

“孩子最近为什么总说屎尿臭屁”

俗话说，孩子一天一个样，这话一点儿没错。好不容易挨过了处处唱反调、事事闹独立的“可怕的2岁”，紧接着孩子又添了新的毛病——顶嘴、骂人。

最近3岁的达达经常会和奶奶顶嘴，有时还会骂人。

一天，奶奶给达达洗澡，达达一个劲儿地玩水，把浴缸里的水溅了奶奶一身，奶奶气得骂了一句：“你这个死孩子，怎么弄你好！”没想到达达马上回敬了奶奶一句：“你这个死奶奶，怎么弄你好！”把奶奶气得差点儿没当场晕过去，奶奶大声对达达说：“你这个小兔崽子，你敢骂我，反了你了。看我不揍你的。”说着奶奶举起了胳膊，假装要揍他。

看到奶奶如此强烈的反应，达达非但没有害怕而收敛起他的放肆，反而变本加厉地说：“臭奶奶！坏奶奶！屁奶奶！”越说越来劲儿。

这下可真把奶奶说急了，奶奶觉得这孩子太坏了，不教育不行，于是就照着达达光溜溜的屁股给了两巴掌，没想到这孩子嬉皮笑脸无所谓，气得奶奶是哭笑不得。

两三岁的孩子骂人是进入了语言敏感期里的诅咒期

诅咒敏感期一般开始于孩子3岁左右，是处于“语言敏感期”阶段中的一种特殊表现。当孩子疯狂地学习语言、运用语言时，他们会特别钟情于各种“脏话”和“狠话”，比如屎尿臭屁等。说这些话会让他们感觉很兴奋，因为他们在不经意中发现这些语言的惊人作用，它们比一般的语言更能引起大人的注意，并能激发大人强烈的反应，有的大人会笑，有的大人会暴怒。那么，当孩子进入诅咒期的时候，该怎么办呢？

1.忽略他、漠视他。如果孩子说了脏话，大人假装没听见，无视、忽略，次数多了，孩子就会因为说狠话、说脏话没有效果，觉得没意思而自动放弃了。

2.如果经常性地说脏话要和他讲道理。如果孩子反复说“妈妈是个大笨蛋”，大人要用事实向他证明妈妈不是大笨蛋，然后告诉他，这样说妈妈，妈妈很伤心、很难过，问他，如果别人这样说他，他是不是也会很难过。

3.帮助孩子找到其他发泄情绪的通道。当孩子有意识地说脏话、狠话时，说明他此刻情绪很愤怒，所以用这种方式来宣泄情绪。那么大人要和孩子共情，教孩子认识自己的情绪，并用更好的方法来疏解自己的情绪，比如运动、转移注意力等。

4.给孩子创造良好的语言环境。孩子不会自己创造出脏话，一般都是从幼儿园或家庭里习得的，当大人不能确保外界的语言环境一定纯净时，起码要保证家庭的语言环境是良好的，尽量不在孩子面前爆粗口，要用优美的语言去熏陶孩子。

“孙女为什么总吃鼻牛儿”

亚菲的孙女4岁了，长得白皙又文静。

一天，亚菲正在客厅拖地，孙女在看动画片，她拖到孙女跟前时，无意中看到孙女从鼻孔里抠出鼻牛儿塞进了嘴里，亚菲忙上去拍了一下孙女的小手。

“宝，你怎么能吃鼻牛儿呢？这多脏，多恶心呀！以后不许再吃了。”小孙女点点头。可是没过几天，孙女又开始吃了。亚菲问孩子：“宝，你为什么要吃鼻牛儿呀？”

“我不吃，怕忘了它是什么味道。”亚菲愕然，再看孩子的鼻子，已经被抠出了血。亚菲忙把此事告诉了儿媳。

儿媳回来后，全家就这个问题开了一次家庭会议，学过一些心理学知识的儿媳说：“妈，我以前听家庭讲座的时候好像听老师讲过，孩子这种奇怪的行为背后是因为内心焦虑、紧张。咱们回想一下孩子最近着急、紧张的事是什么？”

“拉粑粑呀！你看这满墙贴的小红花、小绿叶，不都是她每次拉粑粑获得的奖励吗？”

“是哦！”儿媳若有所思。孩子2岁时得过一次便秘，每次拉粑粑时，都把小脸憋得通红也拉不出来，后来只好用开塞露才解决。此后，孩子拉粑粑便成了一家人的心病。有时孩子拉粑粑，一家人围在孩子周围给她喊加油，每拉出一次粑粑就会得小红花一枚，拉粑粑这个在别人家稀松平常的事，在她家成了天大的事。

“妈，您说得对。明天我把墙上的小红花、小绿叶都摘了。咱们也别再关注她拉粑粑的事了，看看情况怎么样？”

“好！”一家人就这样商量妥当。一周后，亚菲发现孙女吃鼻牛儿的现象越来越少了，一个月后，竟彻底好了。

偏差行为的背后一定有心理动因

孩子不停地抠鼻牛儿、吃鼻牛儿是一种不正常的行为，她控制不住自己要这么做也是一种强迫性行为。但这种行为的背后一定有其心理原因，也许是某个应激事件导致孩子心理紧张、焦虑，甚至恐惧，才会出现这种偏差行为。

的确，小孙女是因为拉粑粑这件事让她感到压力了，压力过重到了孩子内心无法承受的时候，就会转化为一种外在的行为。这种行为表现形式多样，可能抽动，可能打脑门，也可能吃鼻牛儿。如果不了解原因，只是一味地让孩子改掉偏差行为，最终效果可能很差，有时还会因为大人不良的态度，加重孩子的紧张情绪，使偏差行为发作更加频繁。

所以，当大人看到孩子有这样或那样的奇怪行为时，一定要意识到孩子已经向大人发出信号了，他现在心里很焦虑、紧张，大人要帮助孩子找出焦虑、紧张的原因，根源找到了，消除了，孩子的偏差行为自然会消失。

“好好的路不走，干吗非要踩水坑不可”

丹丹今天要过2岁生日了，爱美的妈妈给丹丹买了一套公主裙和一双黑色的小皮鞋。换好行头，一家人就出发去酒店给丹丹庆生了。

酒店不好停车，爸爸把车停在较远的胡同里，让妈妈先去酒店看座位，姥姥和丹丹慢慢地走过来。

“妈，你带着丹丹慢慢走，不着急！”妈妈说。

可是不承想，这一个不着急不打紧，姥姥带着丹丹竟然足足走了半个小时。

丹丹先是看见了一个小水洼，前一天雨后的积水还没有全干，丹丹穿着白袜子、黑皮鞋的小脚一脚踩了进去，看见溅起的水花，丹丹开心地叫着。正准备踩第二脚时，被姥姥一把抱了起来。

“哎哟，你妈妈刚给你买的新皮鞋，全让你给踩脏了。一会儿还怎么过生日呀?！”说着，姥姥蹲下身用纸巾给丹丹擦了起来。刚擦干净，还没等姥姥站起身，丹丹扭身又跑到了酒店的大门口。门口正面有两级台阶，丹丹走上去，跳下来，再走上去，再跳下来，乐此不疲地重复玩着。

姥姥不耐烦了，说："丹丹呀，我们要进去了，爸爸妈妈在里面等我们呢！"丹丹好像根本没听见，姥姥只好又一次用武力解决。

刚被姥姥抱进大厅的丹丹，突然看到了滚梯，便从姥姥怀里拼命地挣脱出来，跑着奔向滚梯。这下可吓坏了姥姥，一个健步过去抓住了丹丹。

"丹丹，这个我们不能坐，危险。我们去坐那个大电梯。"

"姥姥，就坐这个，就坐这个。"丹丹坚持着。

无奈之下，姥姥只好抓着丹丹的小手，小心翼翼地上了滚梯；哪想到，好不容易到了二楼，丹丹又要往下坐，这下姥姥彻底火了，二话不说，抱起丹丹就走。

这边等着急的女儿女婿正要出门去找，看见祖孙俩进来了，这才松了一口气。

"妈，这么点儿路，你们怎么走了半个小时，我都着急了。给您打了好几个电话，您也没接，急死我们了。"

"你问你的宝贝闺女吧！"姥姥没好气地说。

不好好走路是孩子进入了行走敏感期

孩子在1～2岁这个阶段会进入行走敏感期。在这个时期，孩子走路有个特点，就是哪里不平往哪里走，专找有水洼的坑儿走，专找脏的地方走，专找有石头的地方走。他们愿意走斜坡、走楼梯、走超市里的滚梯。总之，他们要用自己的腿和脚来探索这个世界。

这个阶段的孩子走好几百米路都不会感觉到累。但是，他走路不像大人那样，心里有个要到达的目标，他只是纯粹地喜欢走路。这点大人要理解，在不是很紧急的状况下，可以让孩子由着自己的性子多走一会儿。

行走虽然只是动作，不是心理，但是它对心理的发展有着重大的意义。它让孩子从被人抱着，想去哪里都需要别人帮助的状态下解脱出来，可以按照自己的意愿自由行走，这对孩子来说如同一次新生命的诞生。

因此，在这个阶段，祖父母或父母不要因为怕孩子摔倒或怕把鞋子弄脏而过多干涉或限制孩子对走路的探索。行走可以让孩子的活动范围迅速扩大，拥有更多的认知机会。同时，也会促进孩子的智力发育，激发孩子的创造力和想象力。

“儿子会偷钱，都是被他奶奶惯的”

唐冰是一位70岁的老人，曾经是一所重点中学的教导主任。她现在帮刚离婚的儿子带4岁大的孙女。唐冰看到儿子的婚姻走到今天这个地步，心里非常懊悔和郁闷，开始反省自己当年不当的教育方式。

苦悔之下，她找了一位心理老师，滔滔不绝地讲述了自己的故事。

“当年我们夫妻工作都很忙，根本无法自己带孩子，就只好把半岁的儿子送到南方奶奶家，让奶奶带。奶奶非常宠爱这个长孙，对他百依百顺。大概在孩子快3岁的时候，有一天孩子想吃糖，问奶奶要钱，奶奶在做饭，就让他自己从钱包里拿钱。孩子顺利地从奶奶的钱包里拿了5块钱，跑到小卖部自己去买糖吃。看见孙子这个举动，奶奶那叫一个高兴，连声夸孙子聪明，会自己买东西了。后来孩子一想吃糖，就从奶奶的钱包里拿钱自己去买，慢慢就养成了‘偷’的习惯。

“孩子快5岁的时候回到了我们的身边，有一天我发现钱包里的钱少了，就问是不是他偷的？他死不承认，说没偷过。当时把我气疯了，就狠狠地揍了他。你说我一个老师，我的孩子怎么可以撒谎、偷东西呢？这可都是原则性问题，我能不打他吗？再说，这孩子我从小没带过，也没什么感情，现在回到我身边，不光一身的臭毛病，还总和我顶嘴，我觉得这都是他奶奶教的，我就把对孩子奶奶的意见全都发泄到了孩子身上，经常对他棍棒相加。

“当时，我只是想把他打服，管过来，没想到越打越叛逆。到了青春期差点儿辍学，后来好不容易工作、结婚了，也因为不会处理夫妻关系离婚了。现在老婆跑了，孩子也没人带，只能我来带。回想起来，也许那时候我的管教方式是有问题的，才会让他的人生这么不顺利。我现在给他带孩子是在还债，还30年前我欠他的债。”

5岁前撒谎、偷东西不是道德问题而是心理问题

儿童在5岁以前没有道德问题，只有心理问题。孩子在3岁的时候从奶奶钱包里拿钱去买糖，被奶奶夸奖没有错。老人有时虽然不懂什么大道理，但是他们会本能地顺应孩子心理发展的需求。对于一个3岁的孩子来说，能够从钱包里拿出钱，然后去小卖部买糖，独立完成这一系列的任务，是值得表扬的事情。奶奶做得没有错。

后来孩子多次“偷”奶奶的钱，是因为这个年龄的孩子认为自己知道的事，别人也知道，即使背着别人做，他也觉得大家都知道。奶奶做得不够的是没有及时告诉孩子“拿”和“偷”的区别。

妈妈发现自己的钱丢了，马上说孩子是小偷。可是孩子以前也一直拿钱，并没有人说他是小偷，他并不知道自己在干一件错事。今天妈妈骂他，并给他贴上“小偷”的标签，他很害怕，在极其恐惧的情况下孩子会本能地

撒谎。这里，妈妈把对婆婆的不满发泄到孩子身上，会导致对孩子的评价不客观，对孩子来说不公平。

总体来说，3岁以前的孩子从别人那里看到自己喜欢的东西常常会拿回家自己玩，这不属于偷窃，因为这时孩子对物品所有权这个概念还不清楚。在这个时期，父母可以和孩子玩“过家家”或者去商店买东西的游戏，在游戏中培养孩子对物品所有权的概念，什么是自己的，什么是别人的。如果孩子拿了别人的东西，父母带着孩子还回去，经济条件允许的话给孩子买一个就是了。

4岁左右的孩子悄悄拿了别人的东西被父母发现，他会说是别人送他的。这时的孩子心智发育到一定程度，他们发现如果自己运用一些技巧做了某件事，只要想办法不让别人发现，别人就不会知道时，他们就会像发现了新大陆一样感到兴奋。因为他们发现了自己的另一种能力，这种能力会给他们带来成就感。所以，孩子在4岁左右时，撒谎的同时还会伴随偷拿别人东西的行为。如果大人把它理解成是一种探索行为的话，就不必太过紧张，家长可以不动声色地在一旁观察，目睹他获取成功，然后再和孩子一起把东西还给人家，不做太多的评价。千万不要看到孩子出现了这种现象就认为是道德品质问题，就一定要严加管教，把它扼杀在萌芽中。这么做有的时候会适得其反，因为这种探索是儿童心理发展的本能，强行阻止反而会助长孩子强烈的心理需求。

5岁以后，家长要高度重视对孩子进行价值观和道德观的构建，同时训练孩子延迟满足，学会克制，不是别人有的东西自己都要拥有。但即使是七八岁的孩子有了偷窃行为时，父母的教育也要注意方式方法。在教育孩子的同时，不忘维护孩子的自尊，没有什么比羞辱更能让一个孩子感受到低能量的了。

“外孙女为什么要撒谎”

娟子从外面回家，看见2岁半的女儿独自在沙发上玩，就问女儿：“宝宝，姥姥呢？”

“姥姥上班去了。”女儿小乖说。

“姥姥今天不是休息吗？她去上班了，难道姥姥把你一个人扔在家里了？”娟子有点儿着急。

“是呀，姥姥医院里有病人，等着姥姥去看病，姥姥就上班去看病人了。”女儿站在床边一边玩着她的娃娃，一边神情自若地说着。

这时，娟子的妈妈从阳台走了进来，手里还端着个脸盆。

“妈，你在家呀，吓死我了。我还以为您真上班去了，把孩子一人丢在家里呢！”

“那哪能呀，亏你想得出，我怎么能把她一个人放在家里呀?！”

“小乖说的。”娟子看着女儿，女儿也瞪大了眼睛看着妈妈。

“小乖，姥姥不是在家吗？你怎么和妈妈说姥姥去上班了？”姥姥蹲下身子问孩子。

小乖一脸无辜地看着姥姥，笑了笑。

“你还笑，你撒谎了知不知道？”娟子故作生气地说。

“是呀，这么点儿孩子就会撒谎了，可是她为什么要撒谎呢？”姥姥一脸迷茫地端着盆站在那里。

正确分辨孩子撒谎的意义

低龄幼儿撒谎一般是由于丰富的想象力而编造出一些谎言。

孩子在6岁以前，其生长发育主要是右脑起主导作用，右脑负责反映孩子的创造力、想象力和图像、律动能力。所以孩子在小的时候想象力特别丰富，可以根据自己的想象把一个故事编得很完整，就像真的一样。这样的谎言没有任何恶意，大人千万不要轻易地给孩子贴上撒谎的标签，强化孩子这方面的意识。孩子3岁以前，大人可以完全不在意孩子因想象而编造出来的故事，3岁以后，如果孩子撒谎，家长可以带孩子一起去验证他所说事情的真实与否，此时，孩子会因说谎不能获得成功而放弃说谎。

5岁以后的孩子如果总是撒谎，会有两方面原因。

1.教养环境出了问题。没有诚信意识，只吃过实诚的亏，没有吃过不诚信的亏，这是整个大环境的问题，但是现在社会风气在改变，家长也要改变，一定要对孩子进行诚信教育，让孩子知道，诚信才是做人的根本，不诚信的孩子以后会吃亏的。

2.管教方式出了问题。或许孩子的本意并不想撒谎，是家长的威严把孩子吓着了，以为自己说了实话就一定会受到很严厉的惩罚，于是本能地开始撒谎。撒谎是一个孩子对家长操控过严的一种反操控。事实上，每个爱撒谎的孩子背后都站着一个允许度极低的家长。撒谎是孩子在和父母的互动中磨合出来的一种相处模式。过于苛刻的要求换来的可能是隐瞒，强硬的管教方式换来的往往是冷漠和疏离，家长只要多一些允许和倾听，孩子慢慢地就不再撒谎了，因为他已经不需要撒谎了。

“孙子为什么有那么强的攻击性”

小莽的父母都在外地上班，他一直都跟着爷爷奶奶一起生活。和他的名字一样，小莽平时为人做事总是莽撞又急躁，动不动就会发脾气。小时候大家还不当回事，认为他年龄小，长大就好了。可是，随着小莽的年龄一点点长大，眼看已经上小学一年级了，他的脾气不仅没有改进，还越发暴躁了，动不动就和同学发生冲突，甚至打骂同学。

前不久的一个下午，老师又一次打电话把小莽的爷爷叫到学校，原因是他又把同班同学的头打流血了。

班主任办公室的门外挤满了围观的同学。这时，被打同学的妈妈先到了学校。她进门先看了看自己儿子的伤势，发现伤得不重，只是抓破了点儿皮，流了点儿血，便走到小莽面前。小莽本能地向后退了一步，生怕同学的妈妈会过来打他，没想到同学妈妈走过来扶着他的头，语气温和地对他说：“孩子，别害怕。阿姨只是看看你有没有受伤，如果有，阿姨带你们一起去医务室。”话音刚落，外面围观的同学一片唏嘘声：“哇！这么好的妈妈！”

小莽忙摇头说："阿姨，我没事，我没事。"

正在这时，小莽的爷爷赶到了，他拨开众人，走进屋里，看见小莽，便不由分说上去就是一拳。

"你这浑小子，两天不打，你又浑身痒痒了，是不？"小莽本能地护着头，但也架不住爷爷劈头盖脸的巴掌。

"让你三天两头的给我惹事，让你欺负同学。"爷爷一边骂一边打。

这一幕惊呆了在场的所有人，班主任和同学妈妈赶紧上前劝阻。

"爷爷，您不可以这样打孩子的呀！"

"不打，就这么打还不老实呢！再不打，更得上房揭瓦了！我教育孩子，你们别管。"爷爷完全不理会大家的劝阻。最终在众人的极力阻拦下，爷爷才住了手。

孩子会在家庭里习得大人的暴躁脾气

很多有攻击性行为的男孩，大多是因为在愤怒的时候，无法控制自己的情绪，只会用拳头来解决问题，表达愤怒。而这种表达方式大多是在自己的家庭里习得的。他们在家里看到大人生气的时候就是打人。所以他们一愤怒也只会打人，他们不知道不高兴的时候还可以用其他的方式来发泄，这是他们见过的唯一能够表达愤怒的方式，而且自作主张地认为这种方式很有效。

就像案例中所描述的，当爷爷得知孙子又闯祸了的时候，就会不分青红皂白地把孩子痛打一顿。他绝没有想到，正是因为自己这样的教养方式，才导致孩子和其他同学相处的时候，稍有意见不合就会跟人急眼甚至动手。

在这个世界上，有两种人最能容忍别人的坏脾气，一种是爱他的人，因为爱他，所以愿意包容；还有一种是怕他的人，因为怕，只能让步。而如果这两种人合二为一的话，那就是孩子，他们爱着自己的家人，同时也害怕他们的坏脾气，所以在家里孩子一直没有反抗，有些大人也就继而肆无忌惮地释放着他们的坏脾气。直到有一天，孩子在外面打了人，他们依旧不知道反省自己，还会继续打孩子；直到有一天孩子到青春期了，他有力量反抗了，大人认为他不听话了，依旧打他，这时甚至很有可能孩子会对大人还手，因为他变成了之前的大人。

一个有很强攻击性的孩子，背后一定有一个无法很好管理自己情绪的家长，想让孩子不惹事，先请大人收起自己的暴脾气。

“奶奶，小胖说要和我结婚！”

幼儿园大门一开，4岁的圆圆像小燕子一样扑进了奶奶的怀里。奶奶忙接过圆圆的小书包问：“圆圆，你和奶奶说说，今天幼儿园里又发生什么新鲜事儿了？”

“奶奶，今天我们幼儿园的小胖说他喜欢我，还说要和我结婚，他还亲了我一下！”

“什么？他这么小就敢耍流氓，欺负我孙女，长大了这还了得？走，奶奶带你找他算账去。”说着，奶奶拉起圆圆又折回到了班里。她们刚要进教室，正巧撞见了迎面走来的小胖，奶奶指着小胖劈头盖脸就是一顿臭骂。

“你这小屁孩儿，从小就不学好，还敢欺负我们家圆圆。你给我听好了，以后离我们家圆圆远点儿，否则我对你不客气，听见没有？”小胖一下被圆圆奶奶骂蒙了，站在那里一动也不动，他完全不知道自己犯了什么错误，自己从来没有欺负过圆圆呀！此时的圆圆也被奶奶的阵势吓着了，她有点儿不明白，小胖喜欢自己，奶奶为什么这么生气？这边，圆圆奶奶觉得教育了这臭小子总算是解了心头之气，便拉着圆圆转身离去，留下可怜的小胖站在教室的墙角委屈地掉着眼泪。

圆圆和奶奶刚走到大门口，就碰上了前来接儿子的小胖爸爸。奶奶便把刚才的话又和小胖爸爸说了一遍，说得小胖爸爸那叫一个尴尬，脸红一阵儿白一阵儿。他连连向圆圆奶奶和圆圆道歉，然后急匆匆地来到班里，看见小胖，上去就是一巴掌："叫你不学好，给我丢脸！"幸亏老师及时赶到，拦住了小胖爸爸再次抬起的手。

四五岁的孩子想和异性小朋友结婚是正常的

一个人一生会有两次爱情，一次是在四五岁时，一次是在青春期。两者的区别是前者没有性冲动，后者有性冲动。

孩子在3岁左右会经历婚姻敏感期（婚姻敏感期是孩子在这个阶段对"组合"的探索，最早的时候孩子会想要跟妈妈或爸爸结婚。之后，他们就会"爱上"自己的老师或者其他成人），他们的第一个爱恋对象便是自己的父亲（或母亲）。男孩，会特别喜欢自己的妈妈，想和妈妈结婚；女孩会特别喜欢自己的爸爸，想和爸爸结婚。这时，爸爸妈妈要在孩子面前表现得特别恩爱，妈妈要对儿子说："你只有像爸爸那么优秀，长大以后才可以娶到像妈妈这么漂亮的女人。"爸爸要对女儿说："你只有像妈妈那么温柔，长大后才可以嫁给像爸爸这样帅气的男人。"让这个"小第三者"想"插足"父母亲密关系的梦想破灭，然后他就会很自然地把自己的爱恋对象从异性父母身上转移到异性小朋友身上，这说明他们的身心得到了进一步的发展。

小朋友在四五岁的时候，喜欢幼儿园里的异性小朋友是很正常的现象，这是儿童性发育过程中的必经阶段，家长不必大惊小怪。

但是，有的女孩家长不明白这个道理，却给那些喜欢自己孩子的小男孩贴上“小流氓”的标签并辱骂孩子，最后给那些男孩幼小的心灵带来很大的伤害和阴影。

所以，大人要了解儿童的性心理发育过程，客观、理性地看待孩子每一个发展过程中的不同表现。

“儿子洗澡的时候，孙女非要进去看不可，这可怎么得了”

刘奶奶家一直都是个和睦的家庭，儿子小两口儿恩恩爱爱，还有一个聪明可爱的小孙女点点。点点今年3岁半了，一直乖巧、可人。可是最近发生了一件让一家人都觉得特别尴尬、难以启齿的事情——点点总是要和爸爸一起洗澡。

全家人一致认为，女孩一定要大方、得体，懂得男女有别，因此，爸爸对自己的身体也是严防死守。

这天，点点爸爸趁点点看动画片的时候，快速地溜进了卫生间，迅速锁好门，然后靠在卫生间的门板上长舒了一口气：今天终于可以安安生生地洗个澡了。

没想到爸爸刚脱下衣服，就听见点点在问奶奶：“奶奶，我爸爸呢？”

“爸爸在洗澡呢！”奶奶没有提防地说了实话。

于是点点“腾”的一下从小椅子上站起来，飞一般地跑到卫生间门口，使劲儿地敲起了卫生间的门。

“爸爸，你开门，我给你送衣服。”点点在门外说。

“不用，不用，爸爸拿衣服了！”浴室里的点点爸爸慌乱地答道。

“那我给你送杯水吧？”

“不用，爸爸不渴。”

点点发现自己所有的伎俩都没得逞，依旧不甘心，干脆搬了个小板凳坐在卫生间门口等着爸爸出来。奶奶和妈妈急得不知所措，真不知该怎么对付这个小丫头，妈妈只好大声对卫生间里的爸爸喊：“你快点洗，点点在门口等你呢！”

爸爸一下明白了妈妈的意思，三下两下冲好澡，在浴室里把衣服全部穿好才出来，点点看到爸爸没有披着浴巾出来，无比的失望，居然大哭了起来：“我要和爸爸一起洗澡！”全家人都傻在了那里。

4岁前和异性父母洗澡是孩子了解异性身体最自然的方式

很多妈妈在儿子上小学前都会和儿子一起洗澡，觉得这很正常。当妈妈的有种心理，儿子是我生出来的，是我奶大的，所以儿子对妈妈的身体应该是不陌生的，在一起洗澡也没什么。但是，女儿和爸爸就不同了，一来，女孩没有见过爸爸的身体；二来，女孩是需要特别保护的，从小就要培养她们男女有别的意识，所以女孩是不可以看爸爸身体的。

但事实是，无论男孩还是女孩，他们到了3岁，都会进入性器期，开始对异性的身体感兴趣，而其中首先就是父母。如果这个时候，他的需求得到了满足，注意力就会转移到下一个目标，但如果没有得到满足，这种渴望就会变得更加强烈。

所以，当大人发现孩子有这样的需求，而且十分强烈时，不必太过担心，也不用刻意回避，可以和孩子一起洗个澡。一家人在一起洗澡是以最自然的方式让孩子了解和观察异性身体的机会，孩子看到了，满足了，之后也就不好奇了。

每一个孩子的性驱动力不一样，如果孩子没有这方面的要求，那就顺其自然，不必强拉孩子做这件事。如果孩子有这个要求，就满足他，但要在孩子4岁以前做这件事，因为4岁以后就要开始给孩子灌输男女有别的意识了。

“二孙子为什么只吃牛奶泡饼干？”

瑞瑞今年7岁了，住在奶奶家。奶奶家里有很多孩子，有大伯家的，还有叔叔家的，一共5个孩子。在奶奶家，他排行老三，上面有大伯家的两个表哥，下面有一个4岁的亲妹妹，还有叔叔家的小弟弟，他就这样被夹在了中间，成了一个“可有可无”的孩子。

两个表哥出生后一直是奶奶带大的，奶奶对两个大孙子格外疼爱，尤其是长孙，一家人的重心全都放在大孙子身上，表哥的童年得到了全家人满满的爱。

虽说瑞瑞也是自己家里的老大，但是妈妈生下他后就和爸爸去城里做生意了，把他交给了家中的奶奶和爷爷代管。

瑞瑞的到来并没有给这个大家庭带来太多的欣喜，因为奶奶已经有了两个大孙子，对这个孩子也就没那么稀罕了，再加上家里人手不够，对瑞瑞的养育，奶奶也是有一搭无一搭，顺带手地把他带大了。

瑞瑞3岁的时候，妈妈再次怀孕。鉴于瑞瑞在奶奶家不被重视，瑞瑞妈妈决定无论多辛苦这个孩子一定要自己带。10个月后瑞瑞妈妈如愿以偿地生下了一个漂亮的女孩，爸爸妈妈都喜欢得不得了，就连有点重男轻女的爷爷奶奶也因为只此一个女孩，而稀罕得不得了。

每天晚上奶奶搂着大哥、二哥睡，妈妈搂着妹妹睡，只有瑞瑞在床上滚来滚去自己睡。一年后，叔叔家又添了一个小弟弟，一家人又开始忙乱，很多时候大家都忘了瑞瑞的存在。直到瑞瑞开始变得特别“讨人厌”。

他玩着玩着就会打人，不如意时就会尖叫，几个孩子中他总是那个被爷爷训斥的“惹事精”。好不容易熬到了上学，他又成了班级里的“害群之马”，和老师顶撞、和同学恶作剧，甚至打女生。老师给他放在第一排，专属他的位置，为的就是让他打不着别人。但是无论老师、同学怎么讨厌、惩罚他，他依旧是嬉皮笑脸。瑞瑞妈妈被老师“提审”的频率也越来越高。

一开始，瑞瑞妈妈从学校回来后责骂他，后来会罚他认错，再后来就对他哭，求他放过妈妈，别再惹事了。瑞瑞妈妈相信，有的子女是来还债的，有的子女是来讨债的，这个瑞瑞大概就是来向她讨债的。

于是，全家人越来越嫌弃他，不想看到他。突然有一天，妈妈发现瑞瑞好像很久都没有好好吃饭了，他每天只用牛奶泡饼干吃。再有一天，瑞瑞妈妈发现瑞瑞不再笑了，也不惹事了，整天一句话不说，蹲在墙角里，全家人这才意识到了这孩子可能出问题了。

长期被忽视的结果会导致孩子生无可恋

每一个孩子出生后都是对生活充满希望的，因为希望是一个人活下去的内在动力，可有的孩子却小小年纪仿佛历经了人世间所有的沧桑，感到生无可恋了。是什么样的接连打击让孩子对生活产生了绝望？大人何种行为成了压倒这个孩子的最后一根稻草？

首先，瑞瑞在妈妈生下他后不久就离开了他，他被寄养在奶奶家。缺少母爱的幼儿期，原本安全感就不好，长期的被忽视，更是加重了安全感的丧失。

第二，瑞瑞在奶奶家的排序是老三，上面两个哥哥，下面两个弟妹。老三正好是夹在中间，最容易被忽视的那个，瑞瑞的情况尤其典型。被忽视的孩子要么变成讨好型人格，用讨好别人获取别人的关注；要么变成讨厌型人格，用打人、惹事来获得大人的关注。但是没想到，瑞瑞所做的这一切都没有引起大人正向的关注，反而遭到更多的孤立和厌恶，最后连他自己也开始厌恶自己了，于是不再好好吃饭、不再正常睡觉，甚至不笑了，走到了“生无可恋”的地步。

到了这一步，家里的大人尤其是父母可以做的只有一条，那就是从内心无条件地接纳，当孩子感受到爱与温暖后，或许还能让他看到生的希望。

“外孙为什么总是虐待家里的小猫”

皮皮5岁的时候，父母因感情不和离异了，皮皮一直和姥姥一起生活。每当看到别的小朋友在周末都和爸爸妈妈一起出去玩的时候，他的心里特别难过，也特别委屈。

后来，邻居阿姨看他可怜，便送给他一只小猫。皮皮对它爱不释手，小猫成了他唯一的精神寄托，每天从幼儿园回来，他都会和小猫说话、玩耍。

有一天，皮皮在回家的路上被几个大孩子欺负了，他们推了皮皮，还朝他身上扔了石子，一边扔，还一边奚落他：“你哭，哭也没用，你没爸，没人能帮你打架，你挨打就是活该。活该！”皮皮一路抹着眼泪回到家。

到家后，皮皮并没有把在外面受到的委屈告诉姥姥，他只是告诉了小猫。皮皮越说越愤怒，突然他像着了魔一样踢了小猫一脚，小猫“喵”的一声蹿出了房门。皮皮开始满屋子地追小猫，用自己的球鞋不停地抽它、打它，打得小猫四处躲藏。

这时姥姥进屋了，赶忙拦住了皮皮。开始姥姥只是以为孩子淘气在和小猫追着玩，也没说什么。但后来，姥姥几次都发现皮皮总是揪着猫咪的尾巴让它倒立，有时还揪它的毛，便觉得不对劲儿了。

之后，小猫总是带着哀怨的号叫四处逃窜，再没有安生的日子了，而皮皮在欺负小猫的过程中，仿佛看到了自己的强大。当确信他可以做到的时候，竟开始欺负比他小的孩子了。

虐待动物是孩子发出的一个求救信号

虐待动物是孩子内心在挣扎的一个外显行为，同时也是一种“恶”的苗头，当大人看到孩子虐待动物时，一定要引起注意，这也是孩子对大人发出的求救信号。

孩子为什么会虐待动物，一般有以下三种原因。

第一种原因：家庭关系紧张。父母离异，或者父母经常吵架、动手，孩子会感到非常害怕，甚至恐惧，内心会充满压力。当他看见小动物时，就用打它、踢它、虐待它来寻求刺激，以此来缓解内心的压力。但是这种解压方式非常不正确，长此以往，孩子会把伤害当成一件习以为常的事情，内心会越来越残暴。

第二种原因：自卑、被歧视。文中的皮皮被别人欺负了，他觉得自己很可怜，需要唤醒自己内心的强大力量，此时他看见了猫，那个平时自己最亲的伙伴。于是他欺负它、虐待它，只为了从动物身上找到强大。人要变得强大有很多种办法，但虐待动物这一种是最不可取的。这种带着血腥的强大不是真正的强大，而是扭曲的强大。

第三种原因：不当的教育方法。孩子经常被家人体罚或暴打，同时因为弱小无法和大人对抗，就会找比他更弱小的动物，仿照大人的样子虐待它以示发泄。有一天他长大了，把打动物当成习惯了，同样会打人甚至打家人。因为家庭教养的方式、情绪发泄的方式都是会传承的。

所以，当发现家里有虐待动物的孩子时大人一定要警惕！家庭成员之间一定要和睦相处，不要再打孩子，可以去学校了解孩子和同伴交往的情况，看有没有欺凌现象。一个从小不被善待的孩子，长大后也不会善待这个社会。

总之，要想办法把孩子这种残暴的行为扼杀在萌芽中。

“孙女最近怎么这么倔”

景奶奶最近快被她那4岁的小孙女愁死了，她怀疑孙女是不是得了一种怪病，因为孩子的种种行为实在是太奇怪了。

下午，景奶奶抱着孙女从幼儿园回家。一进门，景奶奶要替孙女把球鞋脱了换上拖鞋，可她非要自己换不可。孙女重新把球鞋穿上，再脱一遍，而且必须先脱右脚，再脱左脚。这还不够，家里的鞋她都要摆得整整齐齐，一点儿都不能乱。如果奶奶一不小心错穿了妈妈的拖鞋，她就大哭大闹，非要奶奶马上脱下来换上自己的拖鞋不可。

开始，景奶奶心里很不舒服，认为一定是儿媳教孙女这么做的，嫌弃自己脚脏，不能碰她妈妈的拖鞋。直到有一天，儿媳错穿了别人的拖鞋，孙女也这么闹了一回，景奶奶才确认不是儿媳教的，是这孩子自己出问题了。

景奶奶确认孩子有问题还有另外一个佐证，就是有一天，她骑电动车带孙女去超市，没想到孙女一下就记住了从家里到超市的路。时隔一周后，景奶奶再次带孙女去超市时抄了一个近道，小孙女就不干了，说奶奶走的路不对，不是她上次走的路，要奶奶重新回去再来一遍。景奶奶和孙女解释了老半天“条条大路通罗马”，去超市的路不止一条，只要能到超市就可以了。但孙女就是不依不饶，哭个没完。从此，景奶奶确定这孩子一定是得病了。

孩子执拗是进入了秩序敏感期

这个时期的孩子对秩序极其敏感。他对秩序有强烈的要求，这种秩序感与生俱来。孩子不仅会把规则固定在自己身上，还会用在父母和其他人身上。孩子适应了日常的环境，就会希望不要改变，这样他们更有安全感。一旦秩序被打乱，孩子就会变得很不安。孩子在秩序感的作用下，会认为世界是按特定的秩序存在的。这期间，如果家长可以尊重孩子的秩序感，呵护孩子的物权和归位意识，孩子更容易养成有条理的生活习惯。具体有以下几点建议。

1.为孩子提供有序的环境。孩子的东西注意摆放有序，大人不要随便去变换它们的位置。

2.满足孩子的秩序感。在这一时期，秩序感是孩子的一种需要，当他得到满足时，孩子会感到真正的快乐。

3.有些事情可以重来。当孩子因为已经习惯的秩序被破坏而大发脾气时，我们要理解孩子，这种痛苦情感的宣泄是正常的，大人不必太恼火，并允许孩子“重来”。当有些事情实在不能“重来”时，也要告诉孩子，慢慢地让孩子知道，有些事情就是不能重来，只能试着接受现状。

4.对事不对人。不要因为孩子敏感期的问题而迁怒于其他家庭成员。

“孙子10岁了，为什么总穿绿色的衣服”

廖奶奶的孙子叫昌昌，今年10岁了，学习、身体各方面都很好，可就是有一个怪癖，那就是在他5岁到10岁的这5年时间里，只穿绿色这一种颜色的衣服。廖奶奶曾尝试给昌昌买过各种颜色的衣服，但昌昌只选绿色的穿，这让奶奶百思不得其解。

昌昌从小很爱画画，奶奶就给他在家附近的美术机构报了美术班。一天课后回访，昌昌奶奶就把自己这个解不开的谜和美术老师说了。

下一次上完课，老师故意把昌昌留下来问他：“昌昌，你能告诉老师你为什么只穿绿色的衣服吗？”

“我喜欢。”昌昌说。

“那为什么你只喜欢绿色呢？”

“我也不知道。”

老师想了想，觉得一个小孩子对某种颜色有执着的偏爱，一定反映了他内心的某种心理需求，于是就开始悄悄地关注昌昌的一举一动，以及他画画的颜色和构图。这一观察不要紧，老师还真发现了秘密。昌昌所有的画里涂抹的都是火焰般的赤色，并且他会经常流鼻血。这说明他的身体和心里，在燃烧着熊熊的火焰，用中医的理论就是阳气太旺，而绿色和红色正好是一对互补色，它们相遇即得到了平衡。也许这正是孩子想获得自我平衡的一个需求，他内部的生命能量呈现出过于旺盛的状态，为了平衡内在的那股火焰，他就选择穿绿色衣服来进行调节。

老师把这一发现告诉了廖奶奶，奶奶也觉得有道理，此后就不再强迫孩子穿别的颜色的衣服了。

每一个执着的偏爱里都隐藏着一个重要的动机

其实，孩子的每个执着偏爱里面，都有一个重要动机。但是这个动机到底是什么，可能连孩子自己也不知道，因为这是潜意识里的选择。但一个选择的背后往往存在两个最大的可能：一个是内部向外部的投射，另外一个就是缺什么补什么。

所以大人不要太多地干涉孩子。孩子是智慧的生命体，他们有自我调节、自我成长的能力。有时，他们本能地、自发地选择的一些东西，背后往往有很重要的价值，或许是他们最需要的，甚至是他们自救的方式。

比如，有一个孩子就只选黄色，穿黄色的衣服，背黄色的书包。妈妈怕孩子的偏执行为有伤害性，想要替孩子更换。后来老师对妈妈说，假如一个人在冰窖里待了一个星期出来，他最需要什么？棉衣和热巧克力，但大人不能够给他提供棉衣，只给热巧克力，他是不是会一杯一杯喝。大人只看到的是他一杯接一杯地喝热巧克力这个行为，觉得他的要求偏执、不合理，殊不知，他正是在用这个小偏执来完成一个大平衡。

同样的道理，也许他的心里曾经承受了过长时间的“寒冷”，这部分经历别人一无所知。所以，他正是想用很多黄色来温暖自己的内心。黄色的补色是紫色，紫色的情绪是比较忧郁低沉的。如果一个孩子的心理长期有紫色情绪的话，他会自动选择用黄色来平衡。

孩子对某种颜色的偏爱其实是内部失调的一种表征，是给家长的一个提示，大人不要一味地去关注他的偏执行为而想怎么去纠正它，而应该去关注、支持和补给，当孩子内部的平衡实现时，外部的偏执自然就会消失。

“孩子，为什么你就不能输”

琼琼是个聪明且非常要强的孩子，各方面的能力都表现得比一般小朋友更突出一些。平时无论走到哪里，都会听到大人们的赞许：“你家宝贝培养得真好，各方面都这么优秀！”“你家宝贝可真聪明，智商超高！”久而久之，琼琼觉得自己就是最棒的，凡事都要争第一。另外，在幼儿园里，如果她发现哪个小朋友有什么做得不好的地方，就会马上指出来批评人家。

有一天，幼儿园进行讲故事比赛，老师录下视频后，发给家长，让家长找人给孩子投票，谁的票数最高，谁就是获胜者。琼琼奶奶知道后，发动全家所有的亲戚朋友一起来给琼琼投票。可没想到，最后的结果是胖达得了第一名，琼琼得了第二名。这下琼琼不高兴了，竟到幼儿园找胖达算账来了。

“你根本就讲得不好，还磕巴了一次。我一次都没有磕巴，我讲得比你好多了，你凭什么当第一名？你根本就不配！”琼琼不服气地说。

“我是磕巴了一次，可是大家都说我讲得很自然，不像你讲的那么假。

再说了，又不是我要当第一就能当第一的，我的票数就是比你高呀！”

“讲故事就是要有表情的，你讲得平平淡淡有什么好的，你票数高，肯定是你爸花钱叫人投的票，不算数的，不算数的！”

“凭什么不算数，我就是第一名，幼儿园都贴出来了！”

琼琼看了一眼墙上胖达的照片，气得小脸涨得通红。

回到家后，琼琼晚饭也没吃，趴在小床上放声大哭：“我要当第一，我就要当第一！”全家人这时才意识到问题的严重性。

黄色性格的孩子要教他客观看待输赢

在这个故事里，首先要说一下给孩子进行才艺投票这件事。个人认为，这对孩子的成长没有什么好处，特别是社会性的网络投票，它最后拼的并不是孩子的才艺，而是大人的人脉关系。有的家长往亲友群里发个红包，群友领了红包自然不好意思不投，至于孩子到底怎么样亲友根本不知道。还有的家长给自己的朋友一一推送，有的人碍于情面也只好投票，这样得来的票数其实并没有真正的参考价值，建议这种投票还是取消为好。

但是，案例中的琼琼输不起，却是个不争的事实。

从心理学角度，我们常常会把人的性格按黄、红、蓝、绿四种色彩来形容，黄色性格上进但没耐心，红色性格热情但无定性，绿色性格温和但没主见，蓝色性格沉稳但没情趣。

琼琼是个典型黄色性格的孩子，自信、能干，有极强的上进心和掌控欲，凡事都希望别人听自己的，不需要特别培养，自带很强的领导风范。这种性格的孩子喜欢出主意、定规则，满足于别人对自己的服从，他们天生就喜欢竞争，竞争能激发他们的潜能，为他们带来更大的动力。但是他们输不起、不服输，处处看到的都是别人的不好，眼里看不到一点儿别人的好。说话直接，还刻薄，不给别人留情面，也不太愿意听取别人的意见，不愿意考虑别人的感受，所以，很多时候黄色性格的孩子人缘并不好。

针对这样的孩子，首先，大人可以刻意给他们安排一些有难度的比赛，让孩子知道，不是每场比赛自己都可以赢的。山外有山，天外有天，输赢都是正常的，都是阶段性和某个范围内的。

其次，如果孩子闹情绪，要引导孩子学会正确发泄情绪的方法。输了不开心很正常，先把沮丧的情绪发泄出去，然后再分析输的具体原因，经过沉淀后，孩子就会养成好习惯，以后会用较少的时间发泄情绪，用更多的时间来分析失败的原因。

最后，黄色性格的孩子天生缺乏同理心，要多培养孩子的同理心。可以问问孩子，自己得了第一什么感受？如果孩子回答说，很爽，继续说可不可以让这种“爽”的感受也让别的小朋友体验一下？再比如，当看到孩子在比赛中失利时，大人不但不应气馁，反而应马上大声地祝贺那个获奖选手，引导孩子一起鼓掌，并前去道贺，这样的举动会让孩子慢慢懂得赢固然很好，不赢也不必灰心，因为比赛同样精彩；当自身足够优秀时，可以接受别人的欣赏；当自身不够优秀时，也要学会去欣赏别人。

“妞妞，你简直就是一个‘人来疯’”

妞妞是个外向、活泼的孩子，特别喜欢唱歌。电视上有个节目叫《音乐大师班》，她每期都看，里面的很多歌，她都会唱。

妞妞也非常有礼貌，无论在电梯里还是小区院子里，见人就会打招呼，小嘴甜得让姥姥每每都笑得合不拢嘴。可是最近发生的一件事让姥姥很不高兴。

这天，姥姥的老家来了一个亲戚。姥姥高兴极了，十几年没见的老姐妹来北京看望自己，自然有说不完的话，聊不完的天。可是妞妞却一直在旁边捣乱，一会儿要姥姥给她讲故事，一会儿问姥姥自己的裙子好不好看？开始，姥姥还敷衍着说：“好看好看。”但姥姥不认真的态度不仅没有让妞妞消停下来，反而还激怒了她，妞妞变本加厉地缠着姥姥说话，而且，在姥姥和客人说话的时候还自说自话地跳起了舞，又是转圈，又是劈叉，弄得姥姥几乎不能和客人说上一句完整的话。

这下把姥姥气着了，亲戚好不容易来北京一趟，就这么两个小时说话的工夫，还都让这孩子给搅和了，姥姥真是觉得对不住人家。

送走了客人，姥姥问妞妞：“你是不是‘人来疯’呀？平时也不见你这样，家里来个客人，瞧把你能的，平时不是挺有礼貌的吗？你今天是怎么了？这么不懂事！以后要再这样，姥姥可就不喜欢你了。”

妞妞没有吭声，客人走了，她也消停了。

红色性格的孩子要给他留出展示的时间和机会

妞妞是个典型红色性格的孩子。这种孩子特别活泼、有趣，他们喜欢受人关注。

在一群孩子里面，他们往往会第一个发言，喜欢与人交往，是个天生的演说家、外交家。但是，这种孩子的缺点是表现欲太强，在任何场合都希望成为舞台的中心。生活上也比较不拘小节，容易丢三落四。他们有很强的适应性，和好孩子在一起就会学好，和坏孩子在一起也容易学坏。

案例中的妞妞为什么会在家里来客人的时候，这么“人来疯”呢？因为她非常喜欢在人前展示，希望大家都关注她。被接纳、被赞赏是红色性格孩子最大的需求。可是，姥姥没有关注到妞妞这个心理需求，一味地和客人说话，忽略了她，所以没有得到满足的妞妞就会闹得特别凶。

对于这类性格的孩子，以后家里来客人，可以先让她在客人面前表演一个节目，大家认真看，看完后给予掌声鼓励。孩子的心理需求得到满足后大人再对孩子说，“现在大人要讲话了，你可以去做你自己的事情了”，需求得到满足的孩子会很乖，不会再去打搅大人。

“宝宝，你为什么就不能叫人呢”

小满今年5岁了，是个智商极高的孩子。说来也不奇怪，爸爸妈妈都是北京大学物理系毕业的高才生。小满字还没认全的时候就知道惯性和摩擦力了，而且妈妈开车的时候，她还能根据路牌的指示给妈妈指路。

可是小满有一个不足，她不喜欢与人交往。奶奶有时和朋友聚会，很想带着她，她都不愿意；好不容易说动可以去了，到了人家家里她还不和别人打招呼，别人和她说话，她也只是点头、摇头，很少主动说话。这可愁死了爱社交的小满奶奶。

这个周末，小满奶奶又和几个老伙伴约好聚会，她本想不带小满，可是儿子儿媳周末都要加班，无奈之下只好带着小满一起去。

一路上，奶奶不停地嘱咐小满，见了人要叫人，要主动和爷爷奶奶说话，小满听着却面无表情，一声不吭。

到了餐厅，小满趁奶奶和大家寒暄之际，一溜烟儿地跑到了桌子最里头的角落坐下，低头看起自己的书来。等奶奶想起她时，发现她已经落座了，奶奶无奈地摇摇头，合着刚才一路都白说了。她一声不吭，就是在想办法，看看怎么能躲开“叫人”这一环节，这孩子真不知道是随了谁了?!

蓝色性格的孩子在社交中保持底线就好

蓝色性格的孩子天生内向、严谨。他们学习很认真，字写得工工整整，书包、房间都会收拾得整整齐齐，老师交代的任务一定会完成得很好。因为他们做事天然地守规则，有条理，讲章法。但是他们不喜欢竞争、不喜欢炫耀，也不喜欢社交，他们更喜欢一个人安安静静地做事。如果遇到有挑战性的事情他们会选择逃避。

小满的奶奶是红色性格的人，所以实在无法理解小满的“宅”，常常带着小满去参加各种聚会，还强迫她和不认识的爷爷奶奶打招呼，这让小满无所适从。

每个人的性格都不同，在人们欣赏某个人这种性格好的一面的同时，也要包容其性格不好的那一面。

对于一个蓝色性格的孩子来说，不要奢望他像“外交官”一样和别人打成一片，要允许他独处，有一定的时间和空间去思考、消化一些事情。不要强迫他社交，但要为他设定一个底线，比如，在一些实在无法避免的社交场合要学会叫人，打完招呼后可以坐到一旁去看书，不必强迫他在众多客人面前说话或表演。

和孩子商定好后，孩子会觉得“叫人”这个小目标还是努努力就能做到的事情，比起表演节目要好多了，可能他就会答应，同时也不会那么抵触见人了。

“我家孩子从不和别人抢”

冬冬是一个性格非常温和的孩子，从来都不急不躁，和小朋友一起玩儿时，他都表现得非常友好。

一天，奶奶带着冬冬在小区的喷泉边玩。奶奶悠闲地晒着太阳，冬冬则专心地玩着自己手里的小飞侠。突然，楼上的涛涛跑了过来，他跑到冬冬跟前说：“给我玩会儿你的小飞侠。”说着一把从冬冬手里抓过小飞侠自己玩了起来。冬冬什么也没说，从兜里又掏出一个乐高玩了起来。

一会儿，太阳落山了，奶奶要回去做饭了，就对孙子说：“冬冬呀，你去问涛涛把玩具要回来，我们要回家做饭了。”冬冬犹豫了一下，看了看奶奶，奶奶很坚决地点了点头。冬冬只好很不情愿地走过去，非常小声地对涛涛说：“涛涛，我要回家了，你能把玩具还给我吗？”

“不行，我还没玩够呢，你再等一会儿！”涛涛大声地说着。这时，一旁的丽丽看不下去了，一把抢过涛涛手中的小飞侠塞到冬冬手里说：“这是人家冬冬的玩具，给你玩了半天了，现在人家要回家了，你还拿着不给，你真讨厌！”

冬冬接过玩具对丽丽笑笑，跟着奶奶回家了。

到家后，奶奶越想越觉得不对劲儿。自己的孙子，一个男孩怎么能那么怂，自己的玩具给别人抢走了，不急不说，自己要回家了，都不敢从别人手里要回来。这要是长大了还不得受人欺负，于是奶奶把冬冬叫过来，决定好好开导开导他。

“冬冬，刚才你为什么不敢问涛涛要回你的玩具呀？”

冬冬低着头，不说话。奶奶只好自顾自地接着说：“你是个男子汉，不能这么懦弱，这么老实。你要总是这样，在幼儿园会吃亏的。奶奶告诉你，这不是抢，是在维护自己的权益，你明白吗？你可以把玩具给别人玩，但你要回家了，要像丽丽那样，理直气壮地把自己的东西要回来，听懂没有？”

冬冬依旧不说话，奶奶气得没有办法只好作罢走开了。就在奶奶起身离去的时候，冬冬小声地说了一句话：“我想，涛涛他可能是没玩够呢！”奶奶顿时无语。

绿色性格的孩子要让他学会不委屈自己

冬冬是个典型绿色性格的孩子。这种类型的孩子温和、内向，特别善解人意，他们天然就有同理心，会站在对方的角度考虑问题，替别人着想。他们骨子里就不太愿意去争抢，性格中最害怕的就是冲突。

当大人意识到孩子属于这种性格时，就不要太勉强他们去做违背自己意愿的事情，要尽量尊重、顺从他们的本意，更不要强迫他们去争抢、去竞争。理由有两点。

第一，就算强迫他去争抢，他也未必争抢得来。他和那种性格中天然竞争意识特别强的孩子相比，根本抢不过，并且可能还会因为抢不过被视为是一种失败而遭到家长的斥责，反而会给孩子的内心增添一种自卑感。第二，这种不争不抢的性格未必不好，他们也同样有胜出的机会。这种机会不是争抢而来的，而是被推举出来的。因为相对而言，他们比较听话，服从性强，会得到老师的欣赏和信任；同时又因为总去帮助别人，也会得到同学的喜欢和拥戴，所以他们会因为好人缘及超高的人气而在评选中屡屡获胜。

所以，孩子的每一种性格无所谓好坏，都有优势和劣势。家长不必特别在意某种性格中劣势的一面而强行让孩子改变。而是应张扬孩子性格中优势的一面，让其尽情发挥，并在彰显优势中得到自信而带动其他方面。

绿色性格的孩子人际关系特别好，非常受周围人的喜爱，那么在其短板的地方，就一定会有人来帮助他、辅佐他，况且他想要的东西也不一定非要通过竞争来获得不可。因此，家长大可不必为此发愁。

但是，绿色性格的孩子有时会委屈自己，随波逐流。因为他们更在意并愿意服从他人的意愿，所以家长要反复地告诉孩子一些事情的底线和原则，超过这些底线和原则的事情不可以做，无论别人如何劝说。这样，孩子即使受到一些不良诱导，也会懂得把握分寸，守住底线，不做老好人，也不委屈自己。

另外，绿色性格的孩子表面不爱张扬、炫耀，但内心却十分敏感，注重感受。所以，家长在夸奖孩子的时候，不要在人前大张旗鼓地表扬孩子。相比之下，他们更受用于默默地支持和鼓励。同时，在批评孩子的时候也要注意说话的方式和语气，话说得太重会伤到孩子的自尊。

“孙女出门总抱着她的小白象”

斯斯3岁的时候父母就离婚了。从那天起，斯斯就和奶奶在一起生活，很少见到妈妈了。斯斯非常想念之前日夜陪伴她的妈妈，有的时候晚上想着想着哭着就睡着了。

斯斯睡觉的时候，会一直抱着一只小白象，因为那是妈妈带她逛商场时买给她的。开始的时候，斯斯只是因为喜欢小白象，才会搂着它睡觉。后来妈妈走了，斯斯心里特别难过，也很害怕，怕再也见不到妈妈了，就一天到晚地抱着小白象。她觉得小白象就是妈妈的化身，只要小白象在身边，就好像妈妈在身边一样。

可是，奶奶并不知道斯斯心里的想法，觉得这孩子是染上了坏习惯，怎么会出门带小白象，吃饭带小白象，睡觉还带小白象？就连和小朋友玩，手里也抱着小白象不撒手。

奶奶寻思，这要是长大，上幼儿园或上学了可怎么办好？于是就想方设法要戒掉孩子的这个坏习惯！有几次还因为斯斯死活不肯撒手小白象而打了孙女，结果却是斯斯不仅没有戒掉这个毛病，反而还越来越严重了。奶奶愁得真不知如何是好。

孩子的恋物癖不要强行戒除

斯斯的这种行为叫恋物癖，常见于年龄较小的孩子。

有的孩子是在任何时候都要有个固定的玩具或物品随身陪伴，比如，毯子、毛巾。他们走到哪儿都要拿着这个物件，从不撒手。如果这个玩具找不到了，他们会非常焦虑，有的会哭闹、惶惶不可终日，即使找回物件后也不能马上释然，一般要抱住物件沉默好一阵子。在和其他小朋友玩时，别的小朋友也不能碰他的东西，别人碰了，他也会紧张，会下意识地抱紧或掩藏起来。孩子选择的物品也会比较奇怪，大人眼中看似无意义的东西，比如妈妈的睡衣或手绢，用过的枕巾、围嘴等，常常是触感柔软的，与以前的生活经历相关的东西。孩子对此类物品非常专一，即便玩具脏了，有损坏，也不会放弃。有的孩子甚至不让妈妈清洗、修补。也有的孩子有多于一个的依恋物品，“任务”分配非常刻板。例如，睡觉时是小熊，去幼儿园带枕巾。但一般不会超过三个，功能非常固定。如果家长怀疑自己的孩子有恋物癖，该怎么办？

1.不要斥责或笑话孩子，更不要强行抢走孩子的物品。有的家长认为这是孩子胆小的表现，是个臭毛病，要把它板过来，于是强制孩子放弃物品。如果孩子抱持物品，显示出他内心已经相当焦虑或紧张了，只能依靠这个来缓解。夺走他的东西等于夺走有腿疾人的拐杖，斥责和嘲笑只会增加孩子的自卑和愧疚，并破坏孩子对家长的信任，所以绝对不能硬性板正。

2.不要纵容孩子这种行为。有的孩子恋物癖一开始就是家长给养成的。

常见的情形是，分床睡或分房睡的时候，如果孩子不肯，家长就扔给孩子一个玩具，告诉孩子它会保护、陪伴自己。也有的家长一看孩子恋物，还松了一口气：“这下可不缠我了，终于学会独立了。”要知道，学会自我安慰和利用外物来安慰自己是两回事。前者是自信乐观，不困惑，不害怕；后者则恰恰相反。

3.多陪伴孩子，给孩子安全感。最有效的做法是消除孩子的紧张、焦虑，这才是治本。这需要家长能够耐心陪伴，多花时间和孩子在一起。有的家长也知道，孩子恋物可能是缺乏安全感，因此会花时间陪孩子。可是陪孩子的时候只是呆呆地陪着，这样反而会强化孩子的不安。家长一定要做到高质量的陪伴，和孩子一起做游戏、讲故事、做运动，这样才会逐渐与孩子建立良好的亲子关系，帮助孩子放弃恋物，建立安全感。

孩子为什么总莫名其妙地生病

梅是个四川姑娘，性格热情火辣，老公是个湖南人，性格内向，平时不怎么爱说话。恋爱时，双方因为性格迥异而相互吸引，可是结婚生了孩子以后，才发现原本的“可爱”突然变成了“水火不容”。他们常常为一些鸡毛蒜皮的小事争吵，比如，孩子爬行时是穿普通袜子还是爬行袜，喝奶是饿了就喝还是到点才能喝。

孩子开始时由姥姥带，但梅的老公总是不放心，担心和老婆一样“神经大条”的姥姥会把孩子弄丢，会让孩子吃到不卫生的食物，会把姥姥的灰指甲传染给孩子，总之一百个不放心。于是便叫自己在老家当老师的父母过来带孩子，因为自己的严谨就是父母一手培养出来的，所以让自己的父母带孩子他会更放心。

丈夫的这一举动让梅很不开心，一来不知如何和妈妈交代，二来她觉得公婆一来，这个家她会待得很不自在，变得不再是自己的家了。于是公婆搬过来后，她就经常以加班为名在外“游荡”。长此以往，公婆自然心生不满，常常给她脸色看，丈夫对她也越发冷淡。

梅上小学的时候父母离异，她是由妈妈一手带大的。小时候，因为自己是单亲家庭的孩子而常常被人欺负，所以她对“被欺负”三个字特别敏感。

“寡不敌众”的梅决定再次把自己的父母请来，这样，两家父母都在，势均力敌，她就不会被婆家欺负了。

妈妈和继父闻讯立即赶来，100平方米的房子瞬间住进了7口人，变成了一个不折不扣的“雷区”。一日，在厨房里，继父和丈夫因相互碰撞，加上平日里攒下的积怨，竟大打出手，造成继父骨折被送进医院，一家人闹得人仰马翻。

于是，梅从家里搬了出来，孩子一周跟着妈妈和姥姥住，一周跟着爸爸和奶奶住。和妈妈在一起的时候，姥姥就不停地说孩子爸爸如何如何的坏；和爸爸在一起的时候，奶奶就不停地说孩子妈妈如何如何的坏。

后来，梅发现孩子总是莫名其妙地发烧，可每次去医院检查，各项指标都正常。奶奶这边一边心疼孙女，一边不停地骂：“你瞧你那是个什么妈呀，她一带你，你就发烧。算了，好孙女，别回你妈家了，就和奶奶过吧。”奶奶话音还未落，孩子的眼泪已经扑簌簌地掉下来了。

家庭出问题了，孩子会第一个被伤害

父母吵架，会让孩子过得很纠结，因为孩子身上流淌着父亲、母亲两股血液。一旦看到父母发生冲突，孩子的内在就会发生冲突。冲突的结果就是孩子会不自觉地用他们的“不好”来引起父母的注意。

有的孩子会生病，有的孩子会表现得特别愚钝，还有的孩子会出现一些偏差行为。孩子的潜意识里是想通过这些“自我伤害”“自我牺牲”，而让父母把注意力从恶劣的关系中转移到自己身上，从而忽视他们自身的矛盾和冲突。

德国著名心理学家海灵格说：“孩子是家庭的保护神，他们这样做只是为了保持家庭的平衡。”

当孩子为父母的婚姻做出巨大的牺牲时，大人们不要再一味地去指责孩子，而是要反省自己以及夫妻间的婚姻关系，大人给孩子提供的家庭环境，看看是不是大人的关系出了问题，是不是家庭环境出了问题，孩子才会这样的。

如果确定是家庭关系的问题，就先停止争吵，关注孩子，给予孩子无条件的关爱，让孩子远离焦虑和恐惧。

以最平和的方式处理家庭矛盾，不要让孩子受到更多的刺激和伤害。